Tabla de contenido

Capítulo 1: Un Nuevo Comienzo: Abrazando la Oportunidad del Cambio

En el escenario épico de nuestras vidas, cada día marca una oportunidad para embarcarnos en un viaje transformador. En este capítulo, nos sumergiremos en la poderosa corriente del cambio y exploraremos cómo abrazar la oportunidad de un nuevo comienzo puede liberar nuestro potencial más profundo y llevarnos a una vida enriquecida y significativa. La vida es un constante flujo de experiencias, un tapiz tejido con momentos que nos desafían, nos inspiran y nos transforman. Y en cada uno de estos momentos, reside la oportunidad de renacer, de reinventarnos y de emerger más fuertes y más auténticos.

A veces, los ciclos de la vida nos llevan a través de desafíos y cambios que pueden parecer abrumadores. Podemos sentirnos atrapados en viejas narrativas, en patrones que ya no nos sirven, o en una sensación constante de estancamiento. Sin embargo, dentro de cada cambio, dentro de cada crisis, hay una semilla de potencial esperando a ser nutrida. Este capítulo es un llamado a todos los soñadores, a aquellos que anhelan un renacimiento en su forma de vivir y experimentar la vida. Es un recordatorio de que, sin importar cuán oscuro sea el pasado, siempre existe la oportunidad de volver a empezar.

En este viaje de autodescubrimiento y transformación, exploraremos las etapas del proceso de reinventarse: desde dejar atrás las cargas del pasado hasta despertar la pasión por un nuevo propósito. Cada paso es una parte integral de la danza del cambio, y cada capítulo es un peldaño que nos acerca a la versión más auténtica y vibrante de nosotros mismos. Este capítulo, en particular, nos sumergirá en la valiente aventura de liberar las cargas del pasado. Porque para abrazar un nuevo comienzo, debemos dejar atrás lo que ya no nos sirve, lo que nos ata y nos impide avanzar.

La vida es un lienzo en constante evolución, y cada uno de nosotros es el artista que tiene el poder de reinventar el dibujo. Encontrarás en estas páginas no solo consejos y técnicas, sino también historias de personas que han logrado reinventarse y crear nuevas realidades para sí mismos. Personas que han encontrado el coraje para dejar atrás sus miedos, sus dudas y sus limitaciones, y han abrazado la oportunidad de una vida totalmente renovada.

A medida que exploramos este capítulo, te invitamos a abrir tu mente y tu corazón a la posibilidad del cambio. Acepta que eres capaz de crear un nuevo comienzo, sin importar cuál haya sido tu historia hasta este momento. Aquí, en estas páginas, encontrarás inspiración para liberarte de las cadenas del pasado y para abrazar la maravillosa oportunidad de reinventarte. El cambio puede ser una senda desconocida, pero es en esa incertidumbre donde reside la magia de la transformación. Así que prepárate para soltar amarras y zarpar hacia el horizonte de un nuevo amanecer.

Este capítulo es un llamado a la acción, un canto a la esperanza y una guía para todos aquellos que se atreven a mirar al futuro con ojos llenos de posibilidades. Abre tu corazón a las palabras que siguen y permítete sentir la emoción del cambio en cada línea. Porque en este viaje hacia un nuevo comienzo, descubrirás que la oportunidad de transformarte está siempre al alcance de tu mano.

Dejar Atrás el Pasado: Liberando Cargas para Empezar de Nuevo

En el vasto lienzo de nuestras vidas, cada uno de nosotros lleva consigo un pasado que se teje con experiencias, recuerdos y emociones. Algunas de estas memorias nos llenan de alegría y satisfacción, mientras que otras pueden pesar sobre nosotros como un fardo difícil de cargar. En este subcapítulo, exploraremos la importancia de liberar las cargas del pasado para permitirnos abrazar un nuevo comienzo con ligereza y esperanza.

El Peso del Pasado

Nuestro pasado, en todas sus formas, ha contribuido a la persona que somos hoy. Sin embargo, también es cierto que ciertas experiencias pueden dejarnos con cicatrices emocionales que, si no se abordan adecuadamente, pueden obstaculizar nuestro crecimiento y bienestar futuros. Puede ser una relación fallida que dejó heridas profundas, decisiones que lamentamos o momentos de adversidad que nos han marcado. Estas cargas pueden comenzar a moldear nuestras acciones y actitudes actuales, creando patrones que limitan nuestra capacidad de avanzar.

El Arte de la Liberación

Liberar las cargas del pasado no implica borrar nuestras experiencias ni negar su influencia en nosotros. En cambio, se trata de aprender a lidiar con esas experiencias de manera saludable y constructiva. Imagina el acto de soltar un globo: a medida que lo dejas ir, sientes una liberación, una sensación de que algo se eleva. De manera similar, liberar las cargas emocionales nos permite sentirnos más livianos, más libres y más capaces de movernos hacia adelante.

Una forma poderosa de abordar este proceso es la autoaceptación. Reconoce que todos cometemos errores, enfrentamos desafíos y pasamos por momentos difíciles. Aceptar que somos humanos y que el pasado ya no puede ser cambiado es el primer paso hacia la liberación. En lugar de juzgarnos a nosotros mismos por nuestras acciones pasadas, podemos aprender de ellas y usar esa sabiduría para construir un futuro más positivo.

Herramientas para la Liberación

La liberación del pasado no es un proceso instantáneo, pero puede ser increíblemente gratificante. Aquí hay algunas herramientas que pueden ayudarte en este viaje:

1. **La Reflexión Consciente:** Dedica tiempo a reflexionar sobre las experiencias pasadas que aún te afectan. ¿Qué emociones surgen cuando piensas en ellas? Identificar estas emociones te ayudará a entender mejor lo que necesitas liberar.

2. **El Perdón, Incluido el Auto-perdón:** El perdón es una herramienta poderosa para liberar resentimientos y rencores. Esto incluye perdonarte a ti mismo por errores pasados. Recuerda que todos somos humanos y merecemos compasión.

3. **La Escritura Terapéutica:** Escribe tus pensamientos y sentimientos. Esto no solo te permite procesar tus emociones, sino que también puede brindarte claridad sobre lo que necesitas dejar atrás.

4. **El Apoyo Profesional:** A veces, liberar ciertas cargas puede requerir la guía de un terapeuta o consejero. El apoyo profesional puede proporcionarte herramientas específicas para enfrentar y sanar heridas emocionales.

5. **Practicar la Gratitud:** Enfoca tu atención en las cosas por las que estás agradecido en el presente. La gratitud puede ayudarte a cambiar tu perspectiva y a alejarte de la negatividad del pasado.

6. **El Ritual de Soltar:** Considera la posibilidad de realizar un ritual simbólico de liberación, como escribir tus cargas en papel y luego quemarlo, como un acto de dejarlas ir.

Abrazando el Futuro

A medida que te sumerges en el proceso de liberar las cargas del pasado, es importante recordar que estás allanando el camino para un nuevo comienzo. Al soltar el peso que has estado llevando contigo, estás creando espacio para nuevas experiencias, oportunidades y crecimiento personal.

Este subcapítulo nos recuerda que somos los dueños de nuestras historias, y aunque no podemos cambiar el pasado, sí tenemos el poder de decidir cómo nos afecta en el presente y cómo nos moldeará en el futuro. Al liberar las cargas emocionales, estás tomando un paso valiente hacia la autenticidad y la renovación. Estás eligiendo liberarte de las cadenas que han estado atándote y estás dando un paso firme hacia la luz del cambio positivo.

La Magia de los Inicios: Cómo Pequeños Pasos Pueden Cambiarlo Todo

En el universo de las posibilidades, los comienzos son como las semillas que plantamos en la tierra fértil de nuestras aspiraciones. Cada nuevo inicio es una promesa de crecimiento, una oportunidad para transformar nuestros sueños en realidad. En este subcapítulo, exploraremos la maravillosa y transformadora magia de los comienzos y cómo incluso los pasos más pequeños pueden desencadenar cambios profundos en nuestras vidas.

El Encanto de los Comienzos

Cuando observamos la naturaleza, vemos cómo los ciclos de la vida se renuevan constantemente. Desde la llegada de la primavera que despierta la vegetación hasta el amanecer que disipa la oscuridad de la noche, los comienzos están presentes en cada rincón del mundo que nos rodea. De manera similar, en nuestras propias vidas, los comienzos representan una oportunidad constante para transformarnos, evolucionar y crear nuevas narrativas.

Los comienzos poseen un poder mágico: el poder de la expectación, de la novedad y del potencial aún por descubrir. Cada vez que decidimos dar el primer paso hacia un objetivo, hacia un cambio deseado o hacia una nueva aventura, estamos invocando este poder. Y, a menudo, es precisamente en estos momentos iniciales donde se encuentra la chispa que encenderá el fuego de la transformación.

El Efecto del Primer Paso

Imagina estar frente a una escalera que conduce a una puerta que lleva a un nuevo mundo. El primer paso es el que te acerca a esa puerta, y con cada paso adicional, te adentras más en ese nuevo territorio. De manera similar, en nuestras vidas, el primer paso es el inicio de una jornada que puede cambiarlo todo. A veces, dar ese primer paso puede sentirse aterrador, ya que nos enfrentamos a lo desconocido, a la incertidumbre y al riesgo. Pero es precisamente en este espacio de vulnerabilidad donde reside el poder transformador.

Los pequeños pasos pueden tener un impacto significativo en la forma en que nos sentimos, en cómo nos percibimos a nosotros mismos y en cómo interactuamos con el mundo. Al tomar un pequeño paso hacia adelante, estás enviando un mensaje poderoso a tu mente y a tu corazón: estás comprometido con el cambio, con la mejora y con la creación de una nueva realidad. Cada paso, sin importar cuán pequeño sea, te acerca más a la versión que deseas ser.

La Construcción de Momentum

Una vez que das el primer paso, algo mágico comienza a suceder: el momentum comienza a construirse. Al igual que una piedra que se lanza al agua crea ondas que se extienden, cada pequeño paso que das genera impulso para el siguiente. Esto ocurre porque los comienzos nos conectan con nuestro sentido de logro y progreso, lo que a su vez nos motiva a seguir avanzando. El momentum actúa como un viento suave que llena nuestras velas y nos guía hacia adelante.

Es importante reconocer que no se trata solo de la velocidad o la magnitud del paso que das, sino de la dirección que tomas. Incluso si un paso es aparentemente pequeño, si está alineado con tus valores y objetivos, tiene el poder de acumularse en un cambio duradero y significativo. Como las gotas que caen constantemente sobre una roca, cada pequeña acción que emprendas contribuirá a esculpir el camino hacia tu nuevo comienzo.

La Emoción del Nuevo Comienzo

Los comienzos también están impregnados de una emoción especial. Hay una mezcla de emoción, esperanza y posibilidades infinitas cuando damos el primer paso hacia algo nuevo. Esta emoción es una fuerza que nos impulsa a continuar, incluso cuando enfrentamos desafíos o momentos de duda. Al mantener viva esta emoción y al recordar constantemente el por qué empezaste, puedes mantener viva la magia de los comienzos a lo largo de tu viaje de transformación.

Pequeños Pasos, Grandes Cambios

Puede ser tentador subestimar el poder de los pequeños pasos. A menudo, esperamos cambios dramáticos y rápidos en nuestras vidas, y cuando no vemos resultados instantáneos, nos desanimamos. Sin embargo, es importante recordar que los cambios duraderos y significativos se construyen a lo largo del tiempo, uno de esos pequeños pasos a la vez.

Piensa en la analogía de un río que talla un cañón profundo a lo largo de los años. Cada gota de agua contribuye a este proceso, y aunque cada gota en sí misma puede parecer insignificante, su impacto acumulativo es poderoso. De manera similar, cada pequeño paso que tomas en tu camino de transformación contribuye a la creación de una nueva realidad.

Reconociendo la Necesidad de Cambio: Aceptar que la Transformación es Posible

La vida es un flujo constante de cambios y transformaciones, una danza de experiencias que nos desafían, nos enriquecen y nos moldean. En este subcapítulo, exploraremos la poderosa necesidad de reconocer cuando el cambio es esencial, cuando nuestras vidas nos susurran que es hora de transformarnos. Aceptar que la transformación es posible y necesaria es el primer paso hacia un nuevo comienzo lleno de oportunidades emocionantes.

El Llamado de la Transformación

A veces, el cambio llega a nosotros como un suave susurro, una sensación de inquietud que nos indica que algo dentro de nosotros está listo para evolucionar. Otras veces, el cambio llega como una ráfaga de viento fuerte, una circunstancia que nos sacude de nuestra complacencia y nos empuja hacia una nueva dirección. Sea cual sea la forma en que llegue, el llamado de la transformación es una señal de que hay una necesidad profunda de crecimiento y expansión.

La vida es cíclica y siempre está en movimiento, y al aceptar la necesidad de cambio, nos alineamos con el ritmo natural del universo. Negarse al cambio puede llevar a la estancación y la insatisfacción, mientras que abrazar la transformación nos permite adaptarnos, evolucionar y aprovechar al máximo cada experiencia. La resistencia al cambio a menudo surge del miedo a lo desconocido, pero al reconocer que la transformación es inevitable y que puede llevarnos a lugares maravillosos, podemos abrirnos a nuevas posibilidades.

El Valor de Mirar hacia Adentro

Reconocer la necesidad de cambio también implica mirar hacia adentro con honestidad y autenticidad. A menudo, nuestras vidas están llenas de rutinas y patrones que nos resultan cómodos, pero que pueden no estar alineados con nuestros valores y objetivos más profundos. Tomarnos el tiempo para reflexionar sobre nuestra situación actual y evaluar si estamos viviendo una vida que realmente nos satisface es un acto de autoamor y valentía.

Este autoanálisis puede ser una experiencia emocional y reveladora. Puede sacar a la luz áreas de nuestra vida que han sido ignoradas o descuidadas, así como deseos y sueños que han estado esperando ser escuchados. Al reconocer la necesidad de cambio, estamos reconociendo nuestra propia capacidad para crecer y evolucionar, y estamos tomando el control de nuestra propia narrativa.

La Creación de un Espacio para el Cambio

Aceptar que la transformación es posible también implica crear un espacio en nuestras vidas para que el cambio ocurra. Esto puede implicar hacer espacio en nuestra agenda para nuevos proyectos, dejar ir relaciones que ya no nos sirven o liberar posesiones que ya no tienen valor en nuestra vida. Crear espacio para el cambio es como limpiar un lienzo antes de comenzar una nueva obra maestra. Al hacerlo, estamos abriendo espacio para que nuevas experiencias, personas y oportunidades entren en nuestra vida.

Este proceso puede ser desafiante, ya que a menudo implica dejar atrás lo familiar y enfrentar la incertidumbre. Pero al crear espacio para el cambio, estamos enviando un mensaje al universo de que estamos listos y dispuestos a recibir lo que el futuro tiene reservado para nosotros. Estamos abriendo la puerta a un nuevo comienzo lleno de potencial y promesa.

El Poder de la Visualización

La visualización es una herramienta poderosa cuando se trata de aceptar la posibilidad de transformación. Cierra los ojos por un momento e imagina tu vida ideal, una vida en la que te sientes pleno, realizado y en sintonía con tus valores. ¿Cómo se ve? ¿Cómo se siente? Al visualizar tu vida transformada, estás estableciendo una intención clara y poderosa para el cambio. Estás programando tu mente y tu corazón para crear esa realidad.

La visualización no solo te ayuda a definir tus objetivos, sino que también te conecta emocionalmente con ellos. Te motiva a tomar medidas hacia la transformación, ya que puedes ver y sentir los beneficios que te esperan al otro lado. Cuando creas una imagen vívida de tu vida transformada, estás construyendo un puente entre el presente y el futuro que deseas crear.

La Esperanza en la Transformación

Reconocer la necesidad de cambio y aceptar que la transformación es posible es un acto de esperanza. Es un recordatorio de que, sin importar cuál haya sido tu pasado, tienes el poder de crear un futuro diferente. A menudo, es en los momentos de cambio y transformación donde encontramos una mayor conexión con nuestra esencia y descubrimos partes de nosotros mismos que no habíamos explorado antes.

La transformación es una invitación a una aventura emocionante y a menudo desafiante. Es un recordatorio de que la vida es un lienzo en constante evolución y que tenemos el poder de pintar en él nuevas imágenes, nuevas historias y nuevos sueños. Aceptar la posibilidad de transformación es dar un paso hacia un viaje de autodescubrimiento, autenticidad y crecimiento.

Nutriendo la Voluntad de Transformarte

En el jardín de nuestra vida, la semilla del cambio interior es el primer paso hacia la transformación. En este subcapítulo, exploraremos cómo nutrir la voluntad de transformarnos es esencial para crear un terreno fértil donde las raíces de la autenticidad, la evolución y el crecimiento puedan florecer. Nurturar esta semilla significa abrazar el deseo profundo de cambiar y devenir una versión mejorada y más auténtica de nosotros mismos.

El Despertar de la Voluntad de Cambiar

Cada cambio significativo en nuestras vidas comienza con un deseo interno de algo más, de algo mejor. Es como si una semilla fuese sembrada en el suelo de nuestra conciencia, y esta semilla es el deseo de cambiar. Puede ser un anhelo de superar patrones autodestructivos, de liberarse de la negatividad o de alcanzar nuevos niveles de autenticidad y propósito. Este deseo es el punto de partida, la chispa que enciende el fuego de la transformación.

El despertar de la voluntad de cambiar puede surgir de diversas fuentes: puede ser una experiencia que sacude nuestra realidad, un sueño que no podemos ignorar o simplemente un sentimiento persistente de que hay más en la vida de lo que estamos experimentando. Sin embargo, independientemente de su origen, este deseo es el catalizador que nos empuja a explorar nuevas formas de ser y de vivir.

Cultivando la Conciencia

Nutrir la semilla del cambio interior comienza con la autoconciencia. Es importante mirar hacia adentro y explorar cuáles son las áreas de nuestras vidas que deseamos cambiar y mejorar. Esto puede implicar identificar patrones de pensamiento negativos, hábitos autodestructivos o relaciones que nos están frenando. Al reconocer estas áreas, estamos dando el primer paso hacia la transformación.

La autoconciencia es un acto de valentía. Implica enfrentar nuestras propias verdades y reconocer que, aunque no somos perfectos, tenemos el poder de crecer y evolucionar. Es mirar con honestidad las áreas de nuestra vida que podrían beneficiarse de un cambio y estar dispuestos a hacer el trabajo necesario para hacerlo realidad.

El Alimento del Autocuidado

Nurturar la voluntad de transformarnos también implica cuidar de nosotros mismos en todos los niveles: físico, emocional y espiritual. El autocuidado es el alimento que nutre la semilla del cambio interior. Cuando cuidamos de nosotros mismos, estamos enviando el mensaje de que merecemos el amor y la atención que estamos dispuestos a dar a los demás.

El autocuidado puede manifestarse de muchas formas: desde hacer ejercicio y comer saludablemente hasta dedicar tiempo a actividades que nos traigan alegría y calma. También implica prestar atención a nuestras necesidades emocionales, permitiéndonos sentir y procesar nuestras emociones en lugar de reprimir o ignorarlas. Al cuidarnos a nosotros mismos, creamos un espacio donde la voluntad de transformarnos puede crecer y florecer.

Cultivando la Voluntad con Propósito

La voluntad de cambiar se vuelve aún más poderosa cuando está respaldada por un propósito claro y significativo. Tener un propósito nos da dirección y nos motiva a seguir adelante incluso cuando enfrentamos obstáculos. Pregúntate a ti mismo: ¿por qué deseas transformarte? ¿Qué resultados esperas lograr? Establecer un propósito sólido puede infundir energía y determinación en tu viaje de transformación.

El propósito también te conecta emocionalmente con tu deseo de cambio. Te ayuda a ver más allá de los momentos difíciles y a mantener tu mirada en el resultado final. Puede ser un faro que te guíe cuando te sientas perdido o desmotivado. Con un propósito claro, tu voluntad de transformarte se convierte en una fuerza poderosa que te impulsa hacia adelante.

Cultivando la Resiliencia

El camino de la transformación no siempre es fácil. Habrá desafíos, obstáculos y momentos de duda. Es en estos momentos cuando la resiliencia se convierte en un aliado invaluable. Cultivar la resiliencia significa desarrollar la capacidad de enfrentar los desafíos con fortaleza y de recuperarte de los contratiempos con determinación.

La resiliencia es como el sol que calienta la semilla del cambio interior y permite que germine y crezca incluso en condiciones adversas. A medida que te enfrentas a los desafíos en tu camino de transformación, recuerda que cada obstáculo es una oportunidad para crecer y fortalecerte. La resiliencia te permite mantener tu voluntad de cambiar intacta, incluso cuando las circunstancias se vuelven difíciles.

La Belleza de la Transformación

Nurturar la voluntad de transformarte es un acto de amor propio y autenticidad. Es un compromiso contigo mismo para crecer, evolucionar y vivir la vida en tus propios términos. La transformación no solo implica cambiar tus circunstancias externas, sino también evolucionar internamente para ser la mejor versión de ti mismo.

La belleza de la transformación radica en el proceso mismo. Es en el viaje de cambio donde descubres tu propia fuerza, resiliencia y potencial. Es en ese camino donde te das cuenta de que tienes el poder de moldear tu vida de la manera que elijas. Y a medida que nutres la semilla del cambio interior, estás creando un jardín de posibilidades que florecerán con autenticidad y propósito.

Rompiendo Cadenas: Liberándote de Patrones que Te Limitan

En el viaje de transformación, a menudo nos encontramos atrapados en patrones que nos limitan, como cadenas que nos impiden avanzar hacia nuestra plenitud. En este subcapítulo, exploraremos el poderoso proceso de romper esas cadenas y liberarnos de patrones que nos han estado frenando. Este acto de valentía y determinación nos abre las puertas a un nuevo mundo de posibilidades y nos permite crear una vida más auténtica y significativa.

Los Lazos que Nos Sujetan

A lo largo de nuestras vidas, desarrollamos patrones de pensamiento, comportamiento y reacción. Algunos de estos patrones son saludables y nos ayudan a navegar por la vida con eficacia. Sin embargo, otros pueden convertirse en cadenas que nos atan y limitan nuestra capacidad de crecer y prosperar. Estos patrones pueden surgir de experiencias pasadas, creencias arraigadas o expectativas sociales y culturales.

Las cadenas de estos patrones limitantes pueden manifestarse de diversas maneras: miedos que nos paralizan, autocrítica constante, relaciones tóxicas o incluso la sensación de estar atrapados en una rutina que ya no nos satisface. Reconocer estas cadenas es el primer paso para liberarnos de ellas y para permitirnos vivir una vida más auténtica y plena.

La Importancia de la Autoconciencia

Romper las cadenas de patrones limitantes comienza con la autoconciencia. Es crucial mirar hacia adentro y examinar de manera honesta cómo estos patrones han influido en nuestra vida y en nuestras decisiones. La autoconciencia nos permite identificar los momentos en los que estos patrones entran en juego y cómo afectan nuestras respuestas y elecciones.

La autoconciencia también nos da la capacidad de cuestionar la validez de estos patrones. A menudo, seguimos patrones limitantes sin cuestionarlos simplemente porque son familiares o porque hemos estado repitiéndolos durante mucho tiempo. Sin embargo, al cuestionar y desafiar la lógica detrás de estos patrones, estamos abriendo la puerta a la posibilidad de cambio y transformación.

La Fuerza del Autoempoderamiento

Una vez que somos conscientes de los patrones que nos limitan, llega el momento de asumir el control y empoderarnos para romper esas cadenas. El autoempoderamiento implica reconocer que tenemos el poder de elegir cómo queremos vivir y cómo queremos responder a las circunstancias. No estamos condenados a repetir patrones que no nos sirven; tenemos el poder de cambiarlos.

Este proceso de autoempoderamiento puede requerir valentía y determinación. A menudo, romper patrones limitantes implica enfrentar miedos profundos o abandonar la comodidad de lo conocido. Sin embargo, cada vez que tomamos una decisión que está en línea con nuestra autenticidad y que nos libera de un patrón limitante, estamos tomando un paso audaz hacia nuestra libertad emocional y personal.

Desafiando Creencias Limitantes

Las cadenas de patrones limitantes a menudo están enraizadas en creencias que hemos adoptado a lo largo del tiempo. Estas creencias pueden ser sobre nosotros mismos, sobre lo que somos capaces de lograr o sobre cómo deberíamos vivir nuestras vidas. Desafiar y cuestionar estas creencias es esencial para romper las cadenas que nos atan.

Pregúntate a ti mismo: ¿qué creencias has sostenido sobre ti mismo que podrían estar limitando tu potencial? ¿Qué creencias te han impedido tomar riesgos y buscar nuevas oportunidades? Desafiar estas creencias limitantes implica estar dispuesto a considerar nuevas perspectivas y a abrirse a la posibilidad de que nuestras creencias pueden no ser tan definitivas como pensamos.

El Poder de la Acción

Romper cadenas y liberarnos de patrones limitantes es un proceso activo que requiere acción. La toma de acción es un paso crucial para cambiar los patrones que nos han mantenido atrapados. No es suficiente simplemente ser conscientes de estos patrones; debemos actuar para transformarlos.

La acción puede tomar muchas formas: desde establecer límites saludables en las relaciones hasta enfrentar nuestros miedos y tomar pasos hacia nuevas oportunidades. Cada acción que tomamos en contra de un patrón limitante nos acerca un paso más a la libertad y al cambio. La acción es el martillo que rompe las cadenas y nos permite avanzar con determinación hacia una vida más auténtica.

El Viaje de Autodescubrimiento

Romper cadenas y liberarnos de patrones limitantes es un viaje profundo de autodescubrimiento. A medida que desafiamos estos patrones y nos liberamos de ellos, estamos revelando capas más auténticas y verdaderas de nosotros mismos. Estamos abriendo la puerta a nuevas formas de ser y de experimentar la vida.

Este viaje puede ser emocionalmente intenso, ya que a menudo implica enfrentar aspectos de nosotros mismos que hemos evitado o negado. Sin embargo, es en este proceso de confrontación y transformación donde encontramos una mayor conexión con nuestra esencia y un sentido renovado de libertad. Cada vez que rompemos una cadena, estamos tomando un paso hacia una vida más auténtica y plena.

La Promesa de un Amanecer: Encontrando Esperanza en Nuevos Comienzos

En el horizonte de cada nuevo día, se encuentra la promesa de un amanecer. En este subcapítulo, exploraremos cómo encontrar esperanza en los nuevos comienzos, cómo abrazar la oportunidad de un reinicio y cómo descubrir la luz incluso en los momentos más oscuros. La esperanza es el hilo dorado que nos conecta con la posibilidad de transformarnos y de crear una vida llena de significado y alegría.

El Encanto de los Nuevos Comienzos

Los nuevos comienzos son como pizarras en blanco que nos invitan a escribir nuevas historias. Cada vez que nos enfrentamos a un nuevo capítulo en nuestras vidas, tenemos la oportunidad de recrearnos, de redefinir lo que somos y de avanzar con un sentido renovado de propósito. Los nuevos comienzos son recordatorios de que, sin importar cuán oscuro haya sido el pasado, siempre hay una oportunidad para brillar con luz propia.

La vida está llena de ciclos y estaciones, y cada nuevo comienzo marca un cambio en el paisaje de nuestra existencia. Es como si la naturaleza misma nos estuviera guiando, recordándonos que estamos en constante movimiento y que siempre hay espacio para el crecimiento y la renovación. Al abrazar los nuevos comienzos, estamos alineados con la energía creativa y transformadora del universo.

La Esperanza en la Oscuridad

La esperanza es especialmente importante en los momentos de oscuridad. Cuando enfrentamos desafíos, pérdidas o momentos de incertidumbre, la esperanza es la luz que nos guía a través de la oscuridad. Es la creencia de que, incluso cuando todo parece difícil, hay un amanecer esperando al final de la noche. La esperanza nos sostiene cuando las circunstancias son difíciles y nos da la fuerza para seguir adelante.

Es importante recordar que la esperanza no siempre elimina los desafíos, pero nos proporciona la resiliencia y la perspectiva para enfrentarlos con coraje y determinación. La esperanza nos ayuda a ver más allá de la adversidad y a encontrar soluciones incluso cuando parecen escasas. Es un faro que nos guía en medio de la tormenta y nos recuerda que siempre hay una oportunidad para un nuevo comienzo.

La Transformación como Luz

La transformación es una fuente poderosa de esperanza. Cuando nos damos cuenta de que tenemos la capacidad de cambiar y de evolucionar, estamos encendiendo una luz interior que ilumina nuestro camino. La transformación nos recuerda que no estamos condenados a repetir patrones pasados, que podemos aprender, crecer y crear una vida que resuene con nuestra autenticidad.

Cada paso que damos hacia la transformación es un paso hacia adelante en la dirección de nuestros sueños y aspiraciones. Es como encender una vela en la oscuridad, arrojando luz sobre el camino que nos espera. A medida que nos transformamos, estamos despejando el camino para un nuevo comienzo, para una vida más alineada con nuestra verdadera esencia.

La Magia de la Renovación

Los nuevos comienzos también están llenos de la magia de la renovación. Cuando nos enfrentamos a un nuevo capítulo en nuestras vidas, tenemos la oportunidad de dejar atrás lo que ya no nos sirve y de abrazar lo que nos inspira y nos eleva. La renovación es como limpiar el polvo acumulado en nuestras vidas y permitir que brille la belleza que siempre ha estado presente.

Esta renovación puede tomar muchas formas: puede ser dejar atrás relaciones tóxicas, soltar creencias limitantes o embarcarse en nuevas aventuras que nos desafíen y nos inspiren. Al hacerlo, estamos creando espacio para la frescura y la vitalidad en nuestras vidas. La renovación es como el rocío de la mañana que refresca la tierra y permite que las flores florezcan con todo su esplendor.

La Esperanza en los Pequeños Detalles

La esperanza también reside en los pequeños detalles de la vida. A menudo, encontramos momentos de alegría, belleza y gratitud en las cosas más simples. Puede ser una puesta de sol que tiñe el cielo con colores vibrantes, una conversación significativa con un ser querido o un momento de tranquilidad en la naturaleza. Estos pequeños momentos nos recuerdan que la vida está llena de belleza y que cada día trae consigo la posibilidad de un nuevo comienzo.

Al prestar atención a los pequeños detalles, estamos cultivando una actitud de gratitud y aprecio por la vida tal como es. Estamos entrenando nuestra mente para ver la belleza incluso en medio de los desafíos. Esta práctica nos ayuda a mantener viva la esperanza y a recordarnos que siempre hay algo por lo que estar agradecidos y emocionados.

La Belleza del Viaje

Encontrar esperanza en los nuevos comienzos es abrazar la belleza del viaje. Cada paso que damos, cada desafío que enfrentamos y cada logro que celebramos son parte de la historia que estamos creando. La esperanza nos invita a ver el viaje en su totalidad, con todos sus altibajos, como una oportunidad para crecer, aprender y experimentar la plenitud de la vida.

El viaje de transformación es un recordatorio de que cada día es una oportunidad para comenzar de nuevo, para elegir la esperanza sobre el desespero y para crear una vida que nos llene de satisfacción y significado. Al encontrar esperanza en los nuevos comienzos, estamos eligiendo abrazar la luz que siempre está presente, incluso en los momentos más oscuros.

La Valentía de Empezar de Cero: Afrontando el Desconocido con Determinación

En la travesía de transformación, a veces la mayor valentía radica en comenzar de cero. En este subcapítulo, exploraremos cómo abrazar la oportunidad de un nuevo comienzo con determinación y coraje, cómo enfrentar el desconocido con una mente abierta y cómo convertir la incertidumbre en una oportunidad para crecer. Empezar de cero requiere valentía, pero también abre las puertas a una vida más auténtica y plena.

El Viaje de lo Desconocido

Empezar de cero a menudo implica aventurarse en lo desconocido. Es dejar atrás lo familiar y adentrarse en un territorio nuevo y emocionante. Este viaje puede ser emocionalmente desafiante, ya que a menudo significa soltar lo que hemos conocido y enfrentar la incertidumbre. Sin embargo, también es una oportunidad para redescubrirnos a nosotros mismos y para abrazar nuevas posibilidades.

El desconocido puede ser un terreno fértil para el crecimiento y la transformación. Es donde tenemos la oportunidad de enfrentar nuestros miedos y desafíos, y donde encontramos nuevas partes de nosotros mismos que pueden haber estado ocultas en la rutina de lo conocido. Empezar de cero es un acto de valentía que nos invita a explorar, aprender y crecer.

La Fuerza de la Determinación

Empezar de cero requiere una gran dosis de determinación. Es un compromiso de seguir adelante incluso cuando los obstáculos parecen insuperables. La determinación es la fuerza que nos impulsa a seguir avanzando, incluso cuando enfrentamos dificultades y desafíos en el camino. Es la convicción de que, a pesar de las dificultades, somos capaces de crear una vida significativa y auténtica.

La determinación también nos ayuda a superar los momentos de duda y autoexigencia. A menudo, cuando empezamos de cero, nos enfrentamos a la voz crítica en nuestra mente que nos dice que no somos lo suficientemente buenos o que estamos destinados a fracasar. La determinación es la respuesta a esas voces; es el recordatorio de que somos lo suficientemente fuertes y capaces de superar cualquier desafío.

El Valor de Dejar Atrás el Pasado

Empezar de cero también implica el coraje de dejar atrás el pasado. Puede ser liberar viejas heridas, soltar relaciones que ya no nos sirven o abandonar patrones que nos han mantenido atrapados. A menudo, el pasado puede ser como un lastre que nos impide avanzar y crecer. El valor de soltarlo nos permite crear espacio para nuevas experiencias y oportunidades.

Dejar atrás el pasado no significa negarlo las lecciones que hemos aprendido o las experiencias que hemos tenido. Más bien, se trata de liberar el apego emocional a las historias y las creencias que ya no nos benefician. Es abrirnos a la posibilidad de un lienzo en blanco, donde podemos pintar una nueva narrativa llena de autenticidad y propósito.

La Renovación de la Identidad

Empezar de cero a menudo implica una renovación de nuestra identidad. Nos permite reconstruirnos a nosotros mismos desde cero, tomando decisiones que reflejen quiénes somos realmente y lo que deseamos en la vida. Esta renovación puede ser emocionante, pero también puede ser desafiante ya que a menudo implica confrontar nuestras creencias y valores más profundos.

Al abrazar la renovación de la identidad, estamos alineando nuestras acciones y elecciones con nuestra autenticidad. Estamos creando un espacio donde podemos expresar nuestra verdadera esencia y vivir en coherencia con lo que creemos. La renovación de la identidad es como liberar un pájaro enjaulado; nos permite volar hacia nuevas alturas y descubrir quiénes somos en realidad.

La Emoción del Redescubrimiento

Empezar de cero también trae consigo la emoción del redescubrimiento. A medida que nos aventuramos en lo desconocido y dejamos atrás lo que ya no nos sirve, tenemos la oportunidad de descubrir nuevas pasiones, intereses y talentos. Puede ser como abrir un regalo sorpresa, donde cada día trae consigo la posibilidad de encontrar algo nuevo y emocionante dentro de nosotros mismos.

Este proceso de redescubrimiento también puede incluir una mayor conexión con nuestras necesidades y deseos auténticos. A menudo, cuando nos encontramos atrapados en patrones y rutinas, perdemos de vista lo que realmente nos hace felices y nos nutre. Empezar de cero es como volver a sintonizar con nosotros mismos, escuchar nuestras voces internas y abrazar lo que nos hace sentir vivos.

Transformando la Incertidumbre en Oportunidad

La incertidumbre es una compañera constante en el viaje de empezar de cero. Puede ser desconcertante enfrentar un futuro desconocido y a menudo nos hace sentir vulnerables y ansiosos. Sin embargo, la incertidumbre también puede ser una oportunidad para crecer y desarrollar nuestra resiliencia.

En lugar de resistir la incertidumbre, podemos abrazarla como una oportunidad para desarrollar nuestra capacidad de adaptación. La incertidumbre nos desafía a salir de nuestra zona de confort y a explorar nuevos caminos. Es una invitación a confiar en nuestro propio proceso y en la sabiduría de la vida. Al transformar la incertidumbre en oportunidad, estamos cultivando una mentalidad de crecimiento y aprendizaje.

La Belleza del Nuevo Comienzo

Empezar de cero es un acto de valentía que nos permite abrazar la belleza del nuevo comienzo. Es una oportunidad para dejar atrás lo que ya no nos sirve y para crear una vida más alineada con nuestra autenticidad y propósito. Aunque puede ser un proceso desafiante, también es un proceso lleno de esperanza y promesa.

Cada nuevo comienzo es como el nacimiento de un nuevo día, lleno de oportunidades emocionantes y posibilidades infinitas. Es un recordatorio de que la vida está en constante movimiento y que siempre hay espacio para el crecimiento y la transformación. Empezar de cero es un acto de amor propio y un regalo que nos damos a nosotros mismos para crear una vida que resuene con nuestra verdadera esencia.

Renovación del Alma: Preparando tu Espíritu para la Transformación

En el camino de la transformación, el cuidado del alma es esencial para nutrir nuestro ser más profundo. exploraremos cómo la renovación del alma puede ser un catalizador poderoso para la transformación personal, cómo conectarnos con nuestro espíritu puede guiar nuestro viaje y cómo cultivar una conexión interna que nos lleve hacia una vida más auténtica y significativa.

El Anhelo del Alma

Dentro de cada uno de nosotros, hay un anhelo profundo de conexión, significado y trascendencia. Este anhelo del alma es una llamada a la autenticidad y a vivir en alineación con nuestro propósito más elevado. Sin embargo, a menudo, la rutina y las demandas de la vida cotidiana pueden desconectarnos de este anhelo, dejándonos con una sensación de vacío y desorientación.

La renovación del alma es un recordatorio de que, más allá de las tareas diarias y las responsabilidades, existe un mundo interior rico en recursos y sabiduría. Al nutrir nuestro espíritu y atender a las necesidades del alma, estamos llenando el vacío y creando espacio para el crecimiento, la transformación y la autenticidad.

El Arte de la Reflexión Interna

La renovación del alma comienza con el arte de la reflexión interna. Tomarse el tiempo para mirar hacia adentro y examinar nuestras emociones, pensamientos y deseos es una forma de nutrir nuestra esencia más profunda. La reflexión interna nos permite conocernos a nosotros mismos en un nivel más profundo y descubrir lo que realmente importa en nuestras vidas.

La vida a menudo se mueve a un ritmo frenético, y es fácil perderse en la agitación y la distracción. Sin embargo, al hacer un esfuerzo consciente para ralentizar y para dedicar tiempo a la reflexión, estamos cultivando una conexión más profunda con nuestro interior. La reflexión interna es como encender una vela en la oscuridad; ilumina el camino hacia el autodescubrimiento y la renovación del alma.

La Búsqueda de Significado

La renovación del alma también implica la búsqueda de significado en nuestras vidas. A menudo, nos encontramos inmersos en la rutina y realizando tareas sin cuestionar por qué las hacemos. Sin embargo, la búsqueda de significado nos invita a explorar el propósito detrás de nuestras acciones y a alinear nuestras elecciones con nuestros valores y aspiraciones más profundos.

La búsqueda de significado puede llevarnos a cuestionar nuestras creencias y a explorar nuevas formas de vivir y de relacionarnos con el mundo. Puede ser un proceso desafiante, ya que a menudo implica enfrentar preguntas difíciles y examinar nuestras motivaciones más profundas. Sin embargo, es a través de esta búsqueda que encontramos autenticidad y sentido en nuestras vidas.

Cultivando la Conexión Interna

Nutrir el alma también implica cultivar una conexión interna sólida. Esto implica estar presente en el momento presente y escuchar las señales que nuestro interior nos está dando. Cultivar la conexión interna significa estar en sintonía con nuestras emociones, intuiciones y necesidades.

La conexión interna nos ayuda a tomar decisiones alineadas con nuestra autenticidad y a evitar las distracciones y las influencias externas que pueden desviarnos de nuestro camino. Al practicar la atención plena y la autoconciencia, estamos construyendo un puente entre nuestro ser exterior y nuestro mundo interior, permitiendo que nuestra intuición nos guíe hacia decisiones y acciones que sean auténticas y significativas.

El Poder de la Espiritualidad

La renovación del alma a menudo se nutre a través de la espiritualidad. La espiritualidad es una conexión profunda con algo más grande que nosotros mismos, ya sea a través de la religión, la filosofía o simplemente una sensación de conexión con el universo. La espiritualidad nos brinda un sentido de propósito y dirección en la vida, y puede ser un faro que guía nuestro viaje de transformación.

La espiritualidad puede manifestarse de muchas formas: desde la práctica de la meditación y la oración hasta la conexión con la naturaleza y la exploración de las preguntas fundamentales sobre el significado de la vida. La espiritualidad nos invita a ir más allá de la superficie y a sumergirnos en lo profundo, donde encontramos una fuente inagotable de inspiración y guía.

El Viaje Hacia la Plenitud Interior

La renovación del alma es un viaje hacia la plenitud interior. Es un compromiso de nutrir nuestra esencia más profunda y de vivir en alineación con nuestro ser auténtico. A medida que nos conectamos con nuestro espíritu y atendemos a las necesidades del alma, estamos creando un espacio donde la transformación puede florecer y donde podemos vivir una vida que esté llena de significado y propósito.

Este viaje hacia la plenitud interior puede ser desafiante, pero también es profundamente gratificante. A medida que exploramos nuestra esencia más profunda, encontramos una riqueza de sabiduría y fortaleza que nos ayuda a superar los desafíos y a abrazar los nuevos comienzos con valentía. La renovación del alma es como un renacimiento interno, donde cada paso nos acerca más a vivir una vida que resuene con nuestra verdadera esencia.

Creando un Lienzo en Blanco: Visualizando las Posibilidades Infinitas

En el viaje de transformación, la visualización de un lienzo en blanco nos invita a explorar las posibilidades infinitas que yacen ante nosotros. En este subcapítulo, exploraremos cómo crear ese lienzo en blanco en nuestras vidas, cómo utilizar la visualización como herramienta poderosa y cómo cultivar una mentalidad abierta que nos permita manifestar nuestros sueños y aspiraciones más profundos.

La Metáfora del Lienzo en Blanco

Imagina que tu vida es un lienzo en blanco listo para ser pintado con los colores de tus elecciones, sueños y aspiraciones. Cada día, tienes la oportunidad de tomar el pincel y crear una obra maestra que refleje tu autenticidad y tu visión de una vida plena. Esta metáfora del lienzo en blanco es un recordatorio de que siempre tenemos la capacidad de reinventarnos y de elegir cómo queremos vivir.

Al ver nuestra vida como un lienzo en blanco, estamos liberando el peso del pasado y abriendo la puerta a la creatividad y la transformación. Cada elección que hacemos es un trazo en ese lienzo, y cada paso que damos nos acerca más a la realización de nuestra visión. Esta metáfora nos inspira a ser conscientes de nuestras elecciones y a tomar la responsabilidad de crear una vida que resuene con nuestra autenticidad.

El Poder de la Visualización

La visualización es una herramienta poderosa para crear un lienzo en blanco en nuestras vidas. Es la práctica de imaginar vívidamente nuestros deseos y objetivos como si ya se hubieran manifestado. La visualización nos permite conectarnos con nuestras aspiraciones más profundas y nos ayuda a enfocarnos en lo que realmente deseamos crear en nuestras vidas.

Cuando visualizamos con emoción y detalle, estamos enviando señales claras al universo sobre lo que deseamos atraer. La mente no distingue entre lo que es real y lo que es imaginario, por lo que al visualizar nuestros objetivos, estamos programando nuestra mente subconsciente para trabajar en su manifestación. La visualización también nos ayuda a mantenernos enfocados y motivados en el proceso de transformación.

Cultivando una Mentalidad Abierta

Crear un lienzo en blanco y visualizar las posibilidades infinitas requiere cultivar una mentalidad abierta. Esto implica liberarnos de las limitaciones autoimpuestas y abrirnos a nuevas ideas y oportunidades. Una mentalidad abierta es como una ventana hacia el mundo de lo posible, permitiéndonos explorar y expandir nuestros horizontes.

A menudo, nuestras creencias y pensamientos limitantes nos impiden ver las oportunidades que están frente a nosotros. Una mentalidad abierta nos invita a cuestionar esas creencias y a considerar nuevas perspectivas. Nos desafía a atrevernos a soñar en grande y a creer que somos capaces de crear una vida que esté alineada con nuestras aspiraciones más elevadas.

La Imaginación como Puerta a la Creatividad

La imaginación es una puerta a la creatividad y a la manifestación de nuestros deseos más profundos. A través de la imaginación, podemos explorar diferentes escenarios y visualizar cómo sería vivir la vida que deseamos. Es como probar diferentes colores en el lienzo antes de decidir cuál queremos usar.

La infancia es un período en el que la imaginación fluye libremente, pero a medida que crecemos, a menudo limitamos nuestra capacidad de soñar y de imaginar. Sin embargo, al permitirnos volver a conectarnos con nuestra imaginación, estamos abriendo la puerta a posibilidades infinitas. La imaginación nos da permiso para explorar y crear de manera ilimitada, lo que puede conducir a resultados sorprendentes y transformadores.

De la Visualización a la Acción

La visualización es una parte importante del proceso de creación de un lienzo en blanco, pero también es esencial acompañarla con la acción. La visualización nos inspira y nos motiva, pero es a través de la acción que realmente comenzamos a dar forma a nuestras vidas de acuerdo con nuestra visión.

Cada trazo en el lienzo en blanco requiere un movimiento deliberado. Cada elección que hacemos y cada paso que tomamos nos acercan a la manifestación de nuestra visión. La visualización nos ayuda a alinear nuestra energía y nuestra intención con nuestros objetivos, pero es la acción constante la que nos permite materializar esos objetivos en la realidad.

Convertir los Obstáculos en Oportunidades

En el proceso de crear un lienzo en blanco, es inevitable que enfrentemos obstáculos y desafíos. Sin embargo, una mentalidad de transformación nos invita a ver estos obstáculos como oportunidades de crecimiento y aprendizaje. Cada desafío que superamos nos fortalece y nos acerca un paso más a la realización de nuestra visión.

Los obstáculos también pueden ser señales de que estamos avanzando en la dirección correcta. A menudo, cuando estamos a punto de lograr un avance significativo, enfrentamos resistencia y dificultades. En lugar de retroceder, es importante enfrentar estos desafíos con determinación y perseverancia. Cada obstáculo superado nos acerca más a la creación de nuestro lienzo en blanco y a la manifestación de nuestras aspiraciones más profundas.

La Belleza del Proceso de Creación

Crear un lienzo en blanco y visualizar las posibilidades infinitas es un proceso hermoso y emocionante. Es un recordatorio de que tenemos el poder de dar forma a nuestras vidas de acuerdo con nuestra visión y autenticidad. Cada elección que hacemos y cada paso que tomamos son como trazos en un cuadro que estamos pintando con amor y determinación.

Este proceso también nos enseña a apreciar cada momento del viaje. A medida que trabajamos en la manifestación de nuestra visión, encontramos alegría y satisfacción en cada paso, incluso en medio de los desafíos. La belleza del proceso de creación está en la transformación misma, en la forma en que nos convertimos en co-creadores de nuestras vidas y en cómo estamos construyendo un futuro que resuena con nuestros deseos más profundos.

El Viaje del Héroe Interior: Descubriendo el Camino hacia la Autorrealización

Dentro de cada uno de nosotros yace un héroe en potencia, listo para emprender un viaje transformador hacia la autorrealización. En este subcapítulo, exploraremos el arquetipo del héroe interior, cómo este viaje refleja nuestra búsqueda de significado y autenticidad, y cómo podemos abrazar nuestro papel como protagonistas de nuestra propia historia de transformación.

El Arquetipo del Héroe

Desde tiempos inmemoriales, las culturas de todo el mundo han sido cautivadas por la figura del héroe. Las historias épicas y mitos antiguos están llenos de personajes que se embarcan en viajes heroicos para enfrentar desafíos y descubrir su verdadera naturaleza. El arquetipo del héroe resuena en nosotros porque refleja nuestra propia búsqueda de superación y trascendencia.

En el contexto de nuestra propia vida, el arquetipo del héroe interior es una metáfora que representa el viaje de transformación personal. Es la historia de cómo enfrentamos obstáculos, superamos adversidades y nos descubrimos a nosotros mismos en un nivel más profundo. Cada uno de nosotros tiene el potencial de convertirse en un héroe de su propia historia, trascendiendo limitaciones y desplegando su verdadero potencial.

La Llamada a la Aventura

El viaje del héroe interior comienza con una llamada a la aventura, una invitación a adentrarse en lo desconocido y a enfrentar desafíos que lo llevarán a un crecimiento y una transformación profundos. Esta llamada puede manifestarse de diferentes maneras: puede ser una crisis personal, un anhelo profundo de cambio o simplemente una sensación de que hay algo más en la vida.

A menudo, esta llamada a la aventura también se encuentra en la incomodidad. El héroe interior siente una inquietud que lo impulsa a cuestionar su situación actual y a buscar algo más significativo. Es esta llamada lo que lo lleva a emprender el viaje de transformación, a pesar de los temores y las dudas que puedan surgir en el camino.

Los Desafíos y las Pruebas

En el viaje del héroe interior, enfrentamos desafíos y pruebas que ponen a prueba nuestra determinación y nos desafían a crecer. Estos desafíos pueden variar desde enfrentar miedos internos hasta superar obstáculos externos que se interponen en nuestro camino. Cada desafío es una oportunidad para demostrar nuestra valentía y determinación.

Estas pruebas no son solo obstáculos que debemos superar; también son oportunidades de aprendizaje y desarrollo personal. A menudo, es en medio de los desafíos que descubrimos nuestras fortalezas ocultas y desarrollamos una mayor resiliencia. Cada vez que superamos una prueba, estamos un paso más cerca de la autorrealización y de descubrir nuestro verdadero potencial.

El Mentoreo y la Guía

En el camino del héroe interior, a menudo encontramos mentores y guías que nos proporcionan sabiduría y apoyo en momentos cruciales. Estos mentores pueden ser personas reales en nuestra vida, pero también pueden ser símbolos o figuras que representan la sabiduría y la orientación.

El mentoreo y la guía son esenciales en el viaje del héroe porque nos ofrecen perspectivas externas y nos ayudan a navegar por los desafíos con mayor claridad. A menudo, los mentores nos desafían a cuestionar nuestras creencias limitantes y nos inspiran a ver el panorama completo. Su presencia es como una brújula que nos guía hacia nuestra verdadera dirección.

El Encuentro con el Elixir de la Transformación

Uno de los aspectos cruciales del viaje del héroe es el encuentro con el elixir de la transformación, el regalo o el conocimiento que el héroe adquiere a lo largo de su viaje. Este elixir puede tomar diferentes formas: puede ser una comprensión profunda de sí mismo, una nueva perspectiva sobre la vida o un talento o habilidad previamente desconocidos.

El elixir de la transformación es lo que hace que todo el viaje haya valido la pena. Es el regalo que llevamos de vuelta a nuestras vidas cotidianas y que nos permite vivir de manera más auténtica y significativa. Este elixir es el resultado de enfrentar los desafíos, superar las pruebas y crecer a lo largo del viaje. Es la manifestación de nuestra autorrealización y el regalo que compartimos con el mundo.

El Regreso a Casa

Después de enfrentar desafíos y adquirir el elixir de la transformación, el héroe interior emprende el regreso a casa. Este regreso no es solo físico, sino también espiritual y emocional. Es un retorno a una vida transformada, donde aplicamos el conocimiento y las lecciones aprendidas en nuestro viaje.

El regreso a casa puede ser un momento de integración y celebración. Es el momento en que compartimos nuestro elixir de la transformación con los demás y comenzamos a vivir de acuerdo con nuestra autenticidad recién descubierta. Aunque el regreso a veces puede ser desafiante, ya que implica volver a una realidad que ha cambiado, también es una oportunidad para influir positivamente en nuestro entorno y para inspirar a otros en sus propios viajes.

El Héroe en Todos Nosotros

El viaje del héroe interior es un recordatorio de que todos tenemos el potencial de ser héroes en nuestras propias vidas. Cada uno de nosotros enfrenta desafíos y oportunidades de crecimiento, y cada uno tiene el poder de emprender un viaje de transformación personal. Al abrazar nuestro papel como protagonistas de nuestra propia historia, estamos asumiendo la responsabilidad de vivir una vida auténtica y significativa.

En cada uno de nosotros yace un héroe en potencia, listo para emprender un viaje de transformación hacia la autorrealización. A medida que enfrentamos desafíos, superamos pruebas y descubrimos nuestra verdadera naturaleza, nos convertimos en co-creadores de nuestra propia historia épica. El viaje del héroe interior es un camino emocionante y valiente hacia la autorrealización, y nos invita a abrazar nuestra capacidad de transformar nuestras vidas y vivir de manera auténtica y plena.

Conclusión

En el vibrante lienzo de la vida, hemos explorado los profundos matices del capítulo "Un Nuevo Comienzo: Abrazando la Oportunidad del Cambio". En este capítulo, hemos sumergido nuestros corazones en el poder transformador de renacer, hemos abrazado la posibilidad de deshacernos de las cargas del pasado y hemos caminado valientemente hacia la luz resplandeciente de los nuevos comienzos.

Cada página de este capítulo ha sido una invitación apasionada a mirar dentro de nosotros mismos y encontrar el coraje necesario para soltar las ataduras que nos han mantenido en un ciclo de repetición. Hemos explorado la magia de los inicios, descubriendo cómo incluso pequeños pasos pueden desencadenar olas de cambio. A través del reconocimiento de la necesidad de transformación, hemos aceptado que somos capaces de convertirnos en versiones más auténticas y plenas de nosotros mismos.

Hemos sembrado la semilla del cambio interior, nutriendo la voluntad de crecer y transformarnos. Rompimos las cadenas de los patrones limitantes que alguna vez nos aprisionaron y, con ello, desplegamos nuestras alas hacia la libertad y la expansión. Hemos encontrado esperanza en el amanecer de nuevos comienzos y nos hemos enfrentado al desconocido con una valentía inquebrantable.

En este capítulo, hemos abrazado la oportunidad de reinventarnos, de dejar atrás lo que no nos sirve y de abrazar lo que nos empodera. Cada palabra ha sido tejida con la intención de inspirarte a tomar el timón de tu propia vida, a escribir un nuevo capítulo lleno de aventuras emocionantes y auténticas. Hemos explorado cómo nutrir tu espíritu es esencial para la transformación y cómo la visualización puede abrir las puertas hacia posibilidades infinitas.

En última instancia, hemos recorrido el camino del héroe interior, descubriendo que dentro de nosotros arde la llama de la autorrealización. Este capítulo ha sido un recordatorio apasionado de que el cambio es una oportunidad para crecer, para liberarnos de las limitaciones autoimpuestas y para abrazar la plenitud de quienes somos destinados a ser.

A medida que cerramos este capítulo, llevemos con nosotros el coraje de renacer y la valentía de abrazar cada nuevo comienzo. Que el eco de estas palabras resuene en nuestros corazones, recordándonos que estamos en un viaje único de transformación, y que cada paso que damos nos acerca a la versión más auténtica y plena de nosotros mismos. Así que sigamos adelante, con determinación y emoción, hacia los siguientes capítulos de nuestro viaje de autorrealización y crecimiento personal.

Capítulo 2: Rompiendo Barreras Internas: Deja Atrás Tus Miedos

En el rincón más profundo de nuestros corazones yacen los miedos que a menudo nos retienen, manteniéndonos cautivos en un espacio de limitación y autolimitación. Sin embargo, en el viaje de transformación que estamos emprendiendo, nos encontramos en el umbral de un capítulo emocionante y liberador: "Rompiendo Barreras Internas: Deja Atrás Tus Miedos". En estas páginas, nos aventuraremos en el territorio intrincado de nuestros temores más profundos y exploraremos cómo liberarnos de las cadenas invisibles que nos han mantenido en un estado de inmovilidad.

Cada uno de nosotros lleva consigo una mochila invisible llena de miedos arraigados, tal vez desde la infancia o surgidos de experiencias pasadas. Estos miedos pueden manifestarse en muchas formas, desde el miedo al fracaso hasta el miedo al rechazo o al cambio. Pero en este capítulo, desafiamos esos miedos, nos enfrentamos a ellos cara a cara y nos comprometemos a romper las barreras que nos impiden avanzar hacia la autorrealización y la libertad.

A medida que hojeamos estas páginas, nos embarcamos en un viaje emocional y empoderador para enfrentar nuestros miedos más oscuros y liberar nuestras almas de las ataduras que los han mantenido en un estado de cautividad. Exploraremos cómo los miedos han impactado nuestras vidas, nuestras decisiones y nuestros sueños, y cómo podemos transformarlos en oportunidades de crecimiento y empoderamiento.

En este capítulo, aprenderemos a abrazar nuestros miedos con compasión y a utilizarlos como trampolines hacia la transformación. A medida que nos aventuramos en esta exploración, recordemos que estamos en un viaje de valentía y autodescubrimiento. Estamos aquí para liberarnos de las cadenas internas que nos han mantenido en una jaula de dudas y limitaciones.

Prepárate para sumergirte en un capítulo lleno de emociones intensas, descubrimientos profundos y liberación transformadora. Este capítulo nos desafía a dejar atrás los miedos que nos han estado frenando y a avanzar con valentía hacia un nuevo horizonte de posibilidades ilimitadas. Juntos, exploraremos cómo enfrentar nuestros miedos de frente y cómo abrazar una vida que se nutre de la valentía y la determinación.

En lo profundo del laberinto de nuestra mente yace un enjambre de emociones que a menudo nos retienen en un estado de inmovilidad. Son los miedos, esos susurros persistentes que nos susurran dudas y preocupaciones, que nos impiden avanzar y nos mantienen prisioneros de nuestra propia creación. Pero en este capítulo, titulado "Rompiendo Barreras Internas: Deja Atrás Tus Miedos", nos aventuramos a desafiar esos miedos, a desentrañar sus raíces y a liberarnos de su dominio para abrir paso a un mundo de posibilidades ilimitadas.

La Danza de los Miedos: Un Vistazo al Interior

Los miedos son como sombras que se deslizan en la oscuridad, ocultos en los recovecos de nuestra mente. Pueden ser temores palpables, como el miedo al fracaso o al rechazo, o pueden manifestarse en formas más sutiles, como la autocrítica constante o el miedo al cambio. Independientemente de su forma, los miedos ejercen un poderoso control sobre nuestras acciones y decisiones, a menudo dejándonos atrapados en un ciclo de inseguridad y autolimitación.

Para emprender el camino de la transformación, debemos primero mirar de frente a nuestros miedos. Tomar un asiento en el teatro de nuestra mente y observar la danza de los miedos puede ser desafiante, pero es un paso esencial para liberarnos de su influencia. Exploraremos cómo los miedos se arraigan en nuestras experiencias pasadas, cómo se manifiestan en nuestras vidas cotidianas y cómo podemos cambiar la narrativa que nos cuentan.

Las Cadenas Invisibles: El Impacto de los Miedos

Los miedos tienen un impacto profundo en nuestras vidas, afectando la forma en que nos vemos a nosotros mismos y cómo interactuamos con el mundo que nos rodea. Nos mantienen en la zona de confort, evitando que nos atrevamos a explorar lo desconocido y a perseguir nuestros sueños más audaces. Los miedos también pueden alimentar la autocrítica y la negatividad, erosionando nuestra autoestima y nuestra confianza en nosotros mismos.

En este capítulo, nos sumergiremos en el proceso de identificar cómo los miedos han moldeado nuestras decisiones y acciones. Miraremos de cerca las formas en que los miedos nos han mantenido en una prisión invisible, restringiendo nuestro potencial y limitando nuestras posibilidades. Reconocer el impacto de los miedos es un paso crucial para liberarnos de su control y avanzar hacia una vida de autenticidad y empoderamiento.

El Origen de los Miedos: Descubriendo las Raíces

Cada miedo tiene un origen, una semilla que fue plantada en algún momento de nuestras vidas. Puede haber surgido de experiencias traumáticas, mensajes negativos que recibimos en la infancia o simplemente de la incertidumbre inherente a la vida misma. Para romper las barreras internas que los miedos han creado, debemos sumergirnos en la exploración de sus raíces.

Este proceso puede ser emocionalmente intenso, ya que nos lleva de regreso a momentos y recuerdos que pueden ser dolorosos. Sin embargo, al enfrentar estos recuerdos con valentía y compasión, estamos tomando el poder de cambiar la forma en que nos relacionamos con ellos. Al entender el origen de nuestros miedos, podemos comenzar a liberarnos de su influencia y a reescribir la narrativa que nos han contado.

La Transformación de los Miedos: De la Limitación a la Libertad

La transformación de los miedos no es solo un proceso de eliminación, sino también de trascendencia. Se trata de cambiar la forma en que nos relacionamos con los miedos y de convertirlos en oportunidades de crecimiento y empoderamiento. A medida que exploramos nuestras limitaciones autoimpuestas, encontramos que detrás de cada miedo hay una oportunidad para redescubrir nuestra fuerza interior.

Una herramienta poderosa en este proceso es la auto-compasión. Al tratarnos a nosotros mismos con amor y aceptación, podemos suavizar los bordes afilados de nuestros miedos y permitirnos explorar nuevas posibilidades. La autenticidad también desempeña un papel fundamental; al abrazar nuestra verdadera esencia y dejar atrás las máscaras que hemos usado para protegernos, liberamos una energía que nos capacita para enfrentar los miedos con coraje y determinación.

El Camino de la Valentía: Enfrentando los Miedos con Determinación

El camino de romper barreras internas es un camino de valentía. A medida que nos sumergimos en la oscuridad de nuestros miedos, estamos desafiando la comodidad del status quo y enfrentándonos a lo desconocido con determinación. Cada paso que damos hacia adelante, hacia la confrontación de nuestros miedos, es un acto de coraje que nos acerca más a la libertad interior.

Es importante recordar que enfrentar los miedos no significa eliminarlos por completo. Los miedos son parte de la experiencia humana, pero podemos cambiar nuestra relación con ellos. Podemos aprender a reconocerlos, a cuestionar sus suposiciones y a tomar decisiones a pesar de su presencia. La valentía no es la ausencia de miedo, sino la acción a pesar del miedo. Es el compromiso de no permitir que los miedos dicten nuestras vidas.

El Poder de la Transformación Personal

A medida que desafiamos y transformamos nuestros miedos, experimentamos una liberación profunda. La transformación personal que surge de romper estas barreras internas no solo cambia la forma en que nos vemos a nosotros mismos, sino también cómo experimentamos el mundo. Nos encontramos más libres para perseguir nuestros sueños, tomar decisiones audaces y vivir con una autenticidad renovada.

La transformación también se extiende a nuestras relaciones con los demás. Al liberarnos de los miedos que nos han mantenido en un estado de reserva, podemos establecer conexiones más genuinas y significativas con quienes nos rodean. La empatía y la comprensión florecen cuando nos liberamos de nuestras propias inseguridades y nos permitimos ser vistos y amados por quienes somos verdaderamente.

Prácticas para Romper Barreras Internas

En este capítulo, también exploraremos prácticas y herramientas que nos ayudarán a romper barreras internas y liberarnos de los miedos. La meditación y la atención plena pueden ser formas poderosas de observar nuestros miedos sin juicio y de cultivar una relación más saludable con ellos. La escritura reflexiva también puede ser una vía para explorar nuestros miedos más profundos y cuestionar sus fundamentos.

La visualización creativa es otra herramienta que podemos utilizar para transformar nuestros miedos. Al visualizarnos a nosotros mismos enfrentando y superando situaciones temidas, estamos reprogramando nuestra mente subconsciente para ver los desafíos como oportunidades en lugar de amenazas. A través de estas prácticas, podemos construir una base sólida para romper barreras internas y avanzar hacia una vida más valiente y auténtica.

La Liberación del Alma: Abrazando la Autenticidad

A medida que avanzamos en el viaje de romper barreras internas, llegamos a un lugar de liberación del alma. La autenticidad se convierte en nuestra brújula, guiándonos hacia una vida en la que nos permitimos ser verdaderamente nosotros mismos, sin las cadenas de los miedos autoimpuestos. Abrazamos nuestras luces y sombras, nuestras fortalezas y vulnerabilidades, y nos damos permiso para vivir con pasión y propósito.

La liberación del alma también nos conecta con una sensación profunda de conexión con el universo. A medida que dejamos atrás los miedos que nos han mantenido separados y restringidos, abrimos espacio para la expansión y la conexión con algo más grande que nosotros mismos. Nos convertimos en seres más completos y auténticos, y encontramos un sentido más profundo de pertenencia en el tejido de la vida.

Conclusión

A medida que concluimos este capítulo, dejamos atrás una cascada de miedos desafiantes y nos adentramos en la luz renovada de la valentía y la autenticidad. Romper barreras internas no es un camino fácil, pero es un camino que vale la pena. Enfrentar los miedos y liberarnos de su control nos permite vivir con más libertad, más alegría y más amor hacia nosotros mismos y hacia los demás.

En este capítulo, hemos explorado cómo los miedos pueden limitarnos, cómo podemos enfrentarlos con valentía y cómo la transformación personal surge de romper barreras internas. Hemos abrazado la autenticidad como un faro que nos guía hacia una vida más significativa y nos hemos conectado con nuestra fuerza interior en el proceso.

A medida que dejamos atrás los miedos que nos han mantenido pequeños y limitados, nos damos cuenta de que dentro de nosotros arde una fuerza inquebrantable. Esta fuerza es la que nos impulsa a romper barreras internas, a liberarnos de las cadenas de la autolimitación y a vivir con el corazón abierto y la mente audaz.

Continuemos adelante, con el conocimiento de que cada paso que damos hacia la liberación de los miedos nos acerca a la vida que realmente deseamos vivir. Sigamos desafiando los límites autoimpuestos y abrazando cada oportunidad de crecimiento y transformación. En este camino, encontramos nuestra verdadera esencia, nos liberamos de las cadenas internas y nos convertimos en los arquitectos valientes de nuestra propia vida.

Capítulo 3: Redefiniendo Tu Identidad: Descubre Quién Eres Realmente

En lo más profundo de la vastedad de la existencia humana yace un misterio aún por descubrir: nuestra verdadera identidad. A lo largo de nuestras vidas, nos encontramos inmersos en una maraña de roles, etiquetas y expectativas externas que a menudo ocultan la auténtica esencia que yace en nuestro interior. Pero en este capítulo, titulado "Redefiniendo Tu Identidad: Descubre Quién Eres Realmente", nos aventuramos en un viaje emocionante y profundo hacia el núcleo de nuestra identidad, en busca de la joya única y radiante que es nuestro verdadero ser.

El Lienzo en Blanco de la Identidad

Imagina que tu identidad es un lienzo en blanco, listo para ser pintado con los colores de tus experiencias, tus valores y tus pasiones. Sin embargo, a lo largo de los años, ese lienzo se ha llenado con pinceladas de expectativas externas, creencias limitantes y definiciones que otros han impuesto sobre ti. En este capítulo, desafiamos esas capas de pintura para revelar el lienzo en blanco de tu identidad auténtica, listo para ser definido por ti y solo por ti.

Explorando Más Allá de las Etiquetas y Roles

En nuestra sociedad, a menudo nos etiquetamos y nos definimos por roles predefinidos: madre, padre, profesional, amigo, entre otros. Si bien estos roles son parte de nuestra vida, no definen completamente quiénes somos. Nos instamos a mirar más allá de estas etiquetas superficiales y a explorar lo que yace debajo de la superficie. ¿Qué pasiones te hacen vibrar? ¿Qué valores son los cimientos de tu ser? Al explorar más allá de las etiquetas, descubrimos las capas más profundas de nuestra identidad.

El Reflejo de las Experiencias Pasadas

Nuestras experiencias pasadas son espejos que reflejan cómo nos vemos a nosotros mismos. Las experiencias positivas pueden reforzar una imagen positiva de nosotros mismos, mientras que las experiencias traumáticas pueden nublar nuestra percepción y sembrar semillas de autoduda. En este capítulo, nos sumergimos en el proceso de explorar cómo nuestras experiencias han impactado nuestra identidad y cómo podemos liberarnos de las cargas emocionales que pueden estar afectando nuestra autopercepción.

Sanar las heridas del pasado es un paso crucial en este viaje. Al abordar nuestras experiencias pasadas con compasión y valentía, podemos liberar el poder que las ha mantenido retenidas en nuestra identidad. Sanar no significa olvidar, sino transformar esas heridas en lecciones que nos fortalecen y nos acercan a nuestra autenticidad.

Descubriendo Pasiones y Valores Auténticos

¿Qué te apasiona realmente? ¿Qué valores son los pilares que sostienen tu vida? Estas preguntas nos llevan a un viaje profundo de autoexploración en busca de las raíces más profundas de nuestra identidad. En medio de las demandas del día a día, a menudo olvidamos conectarnos con lo que realmente nos inspira. Pero al sumergirnos en estas

preguntas, comenzamos a descubrir las pasiones que nos hacen sentir vivos y los valores
que guían nuestras decisiones más significativas.

Estas pasiones y valores son como brújulas internas que nos guían hacia una vida auténtica
y significativa. Nos conectan con lo que realmente importa para nosotros y nos ayudan a
tomar decisiones alineadas con nuestra verdadera esencia. En este capítulo, exploraremos
cómo identificar y nutrir estas pasiones y valores, y cómo permitir que guíen nuestro
camino hacia la autenticidad.

La Transformación a través de la Autenticidad

Al desafiar las capas de definiciones externas y explorar nuestras pasiones y valores más
profundos, experimentamos una transformación profunda y significativa. La autenticidad se
convierte en la moneda de cambio en este proceso. Al abrazar nuestra auténtica identidad,
nos liberamos de las cadenas que nos han mantenido en un estado de conformidad y
limitación.

La autenticidad es un acto de valentía y amor propio. Requiere que nos enfrentemos a
nuestras inseguridades y nos mostremos al mundo tal como somos. Pero este acto de
vulnerabilidad nos empodera de una manera única. A medida que nos abrimos y nos
presentamos como somos, creamos un espacio para conexiones más profundas y genuinas
con los demás. La autenticidad es contagiosa y nos inspira a todos a abrazar nuestra propia
verdad.

El Proceso Continuo de Redefinición

La búsqueda de la identidad es un viaje sin fin. A medida que crecemos, cambiamos y
experimentamos la vida, nuestra identidad también evoluciona. Este capítulo es solo un
punto de partida en este viaje continuo de redefinición. La autenticidad no es un destino,
sino una forma de vida. Cada día es una oportunidad para explorar más profundamente
quiénes somos y para tomar decisiones alineadas con nuestra verdadera esencia.

Conclusión

A medida que concluimos este capítulo, recordemos que la redefinición de nuestra identidad es un regalo que nos damos a nosotros mismos. Es un viaje de descubrimiento y exploración, un recordatorio de que nuestra verdadera esencia es una joya preciosa que merece ser conocida y celebrada. A medida que desafiamos las definiciones externas y abrazamos nuestras pasiones y valores auténticos, nos acercamos más a vivir una vida de significado y plenitud.

En este capítulo, hemos explorado cómo redefinir nuestra identidad es liberarnos de las expectativas y limitaciones impuestas por otros y por nosotros mismos. Hemos descubierto cómo las experiencias pasadas influyen en nuestra percepción de nosotros mismos y cómo podemos sanar y transformar esas heridas. Hemos abrazado nuestras pasiones y valores auténticos como guías hacia una vida significativa y nos hemos sumergido en la transformación que surge de abrazar la autenticidad.

Mientras continuamos en nuestro viaje de redefinición de la identidad, recordemos que somos seres en constante evolución. Cada capítulo de nuestra vida nos lleva más cerca de la verdad profunda de quiénes somos. Sigamos explorando, creciendo y celebrando la maravilla de descubrir nuestra verdadera esencia.

Capítulo 4: La Fuerza de la Resiliencia: Superando Obstáculos con Determinación

En el tejido de la vida, cada uno de nosotros encuentra su camino entrelazado con hilos de desafíos y adversidades. Los obstáculos, grandes y pequeños, forman parte intrínseca de nuestra experiencia humana. En el capítulo titulado "La Fuerza de la Resiliencia: Superando Obstáculos con Determinación", nos sumergimos en un viaje emocional y empoderador hacia la capacidad innata que todos poseemos para enfrentar los desafíos con coraje y determinación.

La Danza de la Adversidad

La vida no siempre sigue un camino llano y sin obstáculos. En su lugar, nos presenta desafíos que a veces pueden parecer insuperables. Estos desafíos pueden tomar muchas formas: desde la pérdida y la decepción hasta las dificultades financieras y las relaciones fracturadas. Pero en el centro de cada obstáculo, reside la oportunidad de fortalecernos, de crecer y de descubrir la resiliencia que reside en lo más profundo de nuestro ser.

En este capítulo, exploraremos cómo los obstáculos no son simplemente barreras en nuestro camino, sino también oportunidades para transformarnos. Descubriremos cómo podemos abrazar la adversidad y utilizarla como una plataforma para desplegar nuestra resiliencia y determinación.

La Resiliencia: Un Acto de Empoderamiento

La resiliencia es un poderoso acto de empoderamiento. Se trata de la habilidad de recuperarnos y adaptarnos después de enfrentar dificultades. En lugar de ser derrocados por las adversidades, nos levantamos una y otra vez, como el ave fénix que resurge de sus propias cenizas. La resiliencia nos permite ver más allá de las dificultades y encontrar el camino hacia la fortaleza interior.

La resiliencia no es solo una característica innata, sino también una habilidad que podemos cultivar. A medida que exploramos este capítulo, aprenderemos a nutrir y fortalecer nuestra resiliencia a través de prácticas y mentalidades específicas. Descubriremos cómo el enfoque en el autocuidado, el pensamiento positivo y la búsqueda de apoyo nos ayuda a enfrentar los desafíos con una actitud de fortaleza y determinación.

El Viaje de la Superación Personal

Cada desafío que enfrentamos nos invita a un viaje de superación personal. Es un viaje que nos lleva más allá de nuestras zonas de confort y nos impulsa a crecer en formas que nunca podríamos haber imaginado. Los obstáculos nos desafían a cuestionar nuestras creencias limitantes y a redefinir nuestras propias capacidades.

En este capítulo, nos aventuramos en ese viaje. Descubrimos cómo podemos cambiar nuestra percepción de los obstáculos y verlos como oportunidades de crecimiento. A medida que exploramos historias inspiradoras de personas que han superado adversidades aparentemente insuperables, encontramos inspiración para nuestro propio viaje de superación personal.

La Mentalidad de la Resiliencia

La resiliencia no es solo una cuestión de acción, sino también de mentalidad. Nuestra forma de pensar y nuestra actitud ante los desafíos juegan un papel crucial en nuestra capacidad para superarlos. La mentalidad de la resiliencia implica la creencia en nuestra propia capacidad para enfrentar y superar las dificultades.

A través de la autoafirmación positiva y la autoconfianza, podemos nutrir una mentalidad de resiliencia. En este capítulo, exploraremos cómo podemos cambiar nuestra narrativa interna y convertir los pensamientos negativos en afirmaciones de empoderamiento. A medida que adoptamos una mentalidad de resiliencia, nos equipamos con las herramientas necesarias para enfrentar los obstáculos con valentía y determinación.

El Poder del Apoyo y la Comunidad

La resiliencia no se construye en el aislamiento. En momentos de dificultad, el apoyo de la comunidad y las relaciones significativas pueden ser un faro de esperanza y fortaleza. Compartir nuestras luchas y nuestros logros con otros nos conecta con una red de apoyo que nos sostiene cuando más lo necesitamos.

En este capítulo, exploraremos cómo buscar y nutrir relaciones que fomenten nuestra resiliencia. Descubriremos cómo abrirnos a recibir ayuda y cómo ofrecerla a los demás en momentos de necesidad. A través del poder de la comunidad, encontramos un espacio donde nuestras luchas son validadas y donde nuestras victorias son celebradas.

Transformando Obstáculos en Oportunidades

A medida que exploramos el concepto de la resiliencia, descubrimos que los obstáculos pueden transformarse en oportunidades. Cada desafío que enfrentamos nos brinda la posibilidad de crecer, de aprender y de fortalecernos. En lugar de ser derrotados por las adversidades, podemos encontrar un camino hacia adelante que nos lleve a una versión más fuerte y empoderada de nosotros mismos.

En este capítulo, exploraremos cómo podemos cambiar nuestra perspectiva y abrazar los obstáculos como oportunidades para crecer. Aprenderemos a cambiar nuestra narrativa interna y a ver los desafíos como pasos en nuestro camino de superación personal. A través de la resiliencia, convertimos cada obstáculo en una piedra de cimiento para una vida más fuerte y significativa.

Conclusión:

A medida que concluimos este capítulo, recordemos que la resiliencia es un don que nos damos a nosotros mismos. Es la manifestación de nuestra fuerza interna y nuestra determinación para enfrentar los desafíos de frente. En este capítulo, hemos explorado cómo la resiliencia nos empodera, cómo el viaje de superación personal nos transforma y cómo la mentalidad y el apoyo nos guían en nuestro camino.

La vida puede presentar dificultades inesperadas, pero en cada una de ellas yace la oportunidad de descubrir la resiliencia que reside en lo más profundo de nosotros. A medida que abrazamos la fuerza de la resiliencia, nos convertimos en seres capaces de superar los desafíos con coraje y determinación. La resiliencia no solo nos lleva a través de las tormentas, sino que también nos permite brillar más intensamente después de ellas.

En este capítulo, hemos explorado cómo la resiliencia no es solo una respuesta a los obstáculos, sino una cualidad transformadora que nos empodera y nos guía. Hemos abrazado la mentalidad de la resiliencia y el poder del apoyo comunitario en nuestro viaje. Hemos aprendido cómo transformar obstáculos en oportunidades y cómo abrazar el camino de la superación personal.

Mientras continuamos en nuestro camino, recordemos que somos más fuertes de lo que creemos. La resiliencia es el eco de la valentía y la determinación que arde en nuestro interior. Sigamos adelante, enfrentando los desafíos con la certeza de que poseemos la capacidad de superarlos y la certeza de que cada dificultad nos acerca un paso más a nuestra verdadera esencia.

Capítulo 5: Despertando la Pasión Interior: Encuentra lo que Te Apasiona

La vida es un lienzo en blanco que espera ser pintado con los colores de nuestras pasiones. En el capítulo titulado "Despertando la Pasión Interior: Encuentra lo que Te Apasiona", nos sumergimos en un viaje apasionante y emocional hacia la esencia misma de lo que nos hace sentir vivos. Exploramos el profundo anhelo que todos llevamos dentro de nosotros: el anhelo de descubrir y abrazar nuestras pasiones más auténticas.

El Fuego que Nos Consume

La pasión es un fuego interno que nos consume, una fuerza que nos impulsa a vivir con intensidad y propósito. Cuando nos conectamos con nuestras pasiones, experimentamos una energía y una vitalidad renovadas que nos inspiran a levantarnos por la mañana con entusiasmo. La pasión nos conecta con nuestro núcleo más profundo y nos recuerda que estamos vivos.

Este capítulo nos invita a explorar ese fuego interior y a descubrir lo que realmente nos hace vibrar. Nos desafía a mirar más allá de las responsabilidades cotidianas y a conectarnos con las actividades y los intereses que nos llenan de alegría y entusiasmo. La pasión es un faro que nos guía hacia una vida más auténtica y significativa.

El Viaje de la Autoexploración

En nuestra búsqueda de pasiones, embarcamos en un viaje de autoexploración profunda. A menudo, nuestras pasiones pueden estar ocultas bajo capas de expectativas externas y responsabilidades. Nos olvidamos de lo que realmente nos gusta hacer y de lo que nos hace sentir vivos. Pero en este capítulo, nos despojamos de esas capas y nos adentramos en la exploración de nuestra esencia más auténtica.

Nos sumergimos en preguntas profundas y reveladoras: ¿Qué actividades te hacían perder la noción del tiempo cuando eras niño? ¿En qué momentos sientes que estás en tu elemento? A través de la reflexión y la autoindagación, comenzamos a identificar las semillas de pasión que yacen en nuestro interior, listas para florecer.

El Poder de Seguir tu Curiosidad

La curiosidad es una brújula interna que nos guía hacia nuestras pasiones. A menudo, cuando seguimos lo que nos intriga y nos emociona, descubrimos nuevas áreas de interés y potencial. En este capítulo, nos animamos a explorar nuevas actividades y a seguir nuestra curiosidad con valentía y apertura.

La curiosidad nos lleva a explorar terrenos desconocidos y a romper barreras autoimpuestas. Nos permite abrazar la incertidumbre y experimentar nuevas perspectivas. A medida que seguimos nuestras curiosidades, podemos descubrir pasiones ocultas que estaban esperando ser descubiertas.

Conectando con lo que Te Llena de Alegría

La alegría es una guía poderosa en la búsqueda de pasiones. Cuando nos sumergimos en actividades que nos llenan de alegría, nos conectamos con nuestra esencia más auténtica. La alegría es un indicador de que estamos en el camino correcto, que estamos tocando algo profundo dentro de nosotros que resuena con nuestro ser interior.

En este capítulo, exploramos cómo podemos identificar las actividades que nos llenan de alegría. Nos sumergimos en experiencias que nos hacen sentir vivos y nos desafiamos a priorizar esas actividades en nuestra vida. Al hacerlo, creamos un espacio para que nuestras pasiones florezcan y nos guíen hacia una vida más plena y significativa.

La Pasión como Motor de Transformación

Cuando nos sumergimos en nuestras pasiones, experimentamos una transformación profunda. La pasión es un motor que impulsa el cambio y el crecimiento en nuestras vidas. Nos empuja a salir de nuestra zona de confort y a enfrentar nuevos desafíos con entusiasmo y determinación.

En este capítulo, exploramos cómo nuestras pasiones pueden impulsar nuestra evolución personal y profesional. A través de historias inspiradoras y ejemplos concretos, descubrimos cómo las personas han transformado sus vidas al seguir sus pasiones. Nos desafiamos a nosotros mismos a abrazar nuestras pasiones y a permitir que nos lleven hacia una vida más auténtica y llena de significado.

Superando los Obstáculos en la Búsqueda de Pasiones

El viaje hacia la pasión no siempre es fácil. Puede estar marcado por obstáculos y desafíos que nos impiden seguir nuestros deseos más profundos. En este capítulo, exploramos cómo superar esos obstáculos y perseverar en la búsqueda de nuestras pasiones.

A menudo, el miedo y la autoduda pueden frenarnos en nuestra búsqueda. Nos preguntamos si somos lo suficientemente buenos o si nuestras pasiones son lo suficientemente valiosas. Pero en este capítulo, nos recordamos a nosotros mismos que nuestras pasiones son únicas y dignas de ser seguidas. Aprendemos a enfrentar los miedos con valentía y a tomar medidas audaces hacia nuestras pasiones, a pesar de los desafíos que puedan surgir en el camino.

Despertando la Pasión Interior: Un Acto de Amor Propio

En última instancia, despertar nuestras pasiones es un acto de amor propio. Es un compromiso con honrar lo que realmente nos hace sentir vivos y completos. Al abrazar nuestras pasiones, nos estamos dando a nosotros mismos el regalo de una vida plena y significativa.

En este capítulo, exploramos cómo podemos cultivar el amor propio como base para seguir nuestras pasiones. Nos desafiamos a nosotros mismos a dejar de lado las expectativas externas y a escuchar nuestra voz interna. A medida que nos permitimos explorar y abrazar nuestras pasiones, nos reconectamos con nuestra esencia más auténtica y nos permitimos vivir una vida llena de alegría y propósito.

Conclusión: La Danza de la Vida Apasionada

A medida que concluimos este capítulo, recordemos que nuestras pasiones son un regalo precioso que reside en nuestro interior. Son la chispa que enciende nuestra vida y nos impulsa a vivir con entusiasmo y vitalidad. Hemos explorado cómo despertar nuestras pasiones es un viaje de autoexploración, curiosidad y conexión con la alegría interior.

En este capítulo, hemos descubierto cómo nuestras pasiones nos transforman y nos guían hacia una vida más auténtica. Hemos desafiado los obstáculos y miedos que pueden surgir en el camino y hemos abrazado la importancia del amor propio en esta búsqueda. Mientras continuamos en nuestro viaje de despertar la pasión interior, recordemos que cada paso que damos nos acerca más a una vida llena de significado y vibrante con la energía de nuestras pasiones más auténticas.

Capítulo 6: Reconstruyendo Relaciones: Cultiva Conexiones Significativas

En el vasto paisaje de la vida humana, las relaciones son como los vínculos que unen los destinos de las personas. En el capítulo titulado "Reconstruyendo Relaciones: Cultiva Conexiones Significativas", nos adentramos en un viaje emocional y transformador hacia el poder de las relaciones auténticas y cómo podemos forjar conexiones significativas que enriquezcan nuestras vidas.

El Tejido de Conexiones Humanas

Nuestro viaje a través de la vida está intrincadamente entrelazado con las relaciones que cultivamos. Desde nuestras conexiones familiares hasta las amistades profundas y las asociaciones laborales, las relaciones definen gran parte de nuestra experiencia. Sin embargo, en medio de la vida moderna y las distracciones constantes, a veces podemos perder de vista la importancia de estas conexiones humanas.

En este capítulo, exploramos cómo las relaciones son el tejido que sostiene nuestra vida emocional y cómo podemos priorizar y cultivar conexiones significativas que enriquezcan nuestra existencia. Nos sumergimos en el valor de la autenticidad y la comunicación genuina en nuestras relaciones y cómo estas pueden transformar la manera en que interactuamos con el mundo que nos rodea.

Explorando la Naturaleza de las Relaciones

Las relaciones son un espejo que refleja la forma en que nos relacionamos con nosotros mismos y con los demás. En este capítulo, nos embarcamos en un viaje de autoexploración para comprender nuestra naturaleza en las relaciones. Nos desafiamos a examinar nuestras creencias y patrones que influyen en la forma en que nos conectamos con los demás.

Desde nuestras experiencias tempranas hasta nuestras heridas emocionales, exploramos cómo estas influencias impactan nuestras relaciones presentes. Al comprender nuestras tendencias y comportamientos, podemos tomar decisiones conscientes para construir relaciones más saludables y significativas.

La Magia de la Comunicación Auténtica

La comunicación es el corazón latente de las relaciones significativas. Sin embargo, en la era de la comunicación digital y la conectividad constante, a veces la comunicación auténtica puede quedar relegada a un segundo plano. En este capítulo, exploramos cómo cultivar la habilidad de comunicarnos de manera abierta, honesta y auténtica.

La comunicación auténtica implica escuchar con atención, expresar nuestras necesidades y sentimientos con claridad y abrirnos a la vulnerabilidad. A través de ejercicios y prácticas, aprendemos a nutrir la conexión a través de nuestras palabras y acciones. Descubrimos cómo la comunicación auténtica nos permite establecer conexiones más profundas y genuinas con los demás, creando un espacio donde nuestras relaciones pueden florecer.

El Arte del Empatía y la Comprensión

La empatía es un puente que nos conecta con las emociones y experiencias de los demás. En este capítulo, exploramos cómo desarrollar y practicar la empatía en nuestras relaciones. Nos desafiamos a nosotros mismos a dejar de lado los juicios y las suposiciones para realmente entender y conectar con las emociones de los demás.

La empatía nos permite crear un espacio de seguridad y apoyo para aquellos que están a nuestro alrededor. Nos ayuda a fortalecer nuestras conexiones y a ser un apoyo genuino para aquellos que nos rodean. A medida que cultivamos la empatía, creamos relaciones basadas en la comprensión y el apoyo mutuo.

Superando Obstáculos y Conflictos

Ninguna relación está exenta de conflictos y desafíos. Sin embargo, en lugar de evitar o suprimir estos obstáculos, podemos enfrentarlos de manera constructiva para fortalecer nuestras conexiones. En este capítulo, exploramos cómo manejar conflictos de manera saludable y cómo convertir los desafíos en oportunidades para crecer y aprender.

La resolución de conflictos requiere la combinación de habilidades de comunicación, empatía y apertura. Aprendemos cómo escuchar activamente, expresar nuestras preocupaciones con respeto y buscar soluciones que sean beneficiosas para ambas partes. Al abordar los obstáculos con madurez y respeto, construimos relaciones más sólidas y duraderas.

La Reconexión con el Propósito Compartido

Las relaciones significativas a menudo se basan en un propósito compartido o una visión común. Ya sea en una relación de pareja, una amistad cercana o una colaboración profesional, tener un objetivo en común puede fortalecer el vínculo y darle un significado más profundo. En este capítulo, exploramos cómo identificar y nutrir el propósito compartido en nuestras relaciones.

La conexión con un propósito compartido nos da una dirección clara y un sentido de unidad. Nos permite superar desafíos y trabajar juntos hacia metas comunes. A través de ejemplos inspiradores, descubrimos cómo el propósito compartido puede transformar nuestras relaciones en un viaje emocionante y significativo.

La Belleza de la Gratitud y la Celebración

La gratitud es un acto poderoso que puede transformar nuestras relaciones. En medio de las demandas de la vida diaria, a veces olvidamos apreciar y celebrar a las personas que nos rodean. En este capítulo, exploramos cómo la gratitud puede fortalecer nuestras relaciones y cómo podemos incorporar prácticas de gratitud en nuestra vida cotidiana.

Desde expresar aprecio hasta celebrar logros juntos, la gratitud nos conecta de manera más profunda y nos recuerda el valor que tienen las personas en nuestra vida. A medida que aprendemos a practicar la gratitud, creamos un ambiente en el que nuestras relaciones pueden florecer y prosperar.

Conclusión:

A medida que concluimos este capítulo, recordemos que las relaciones auténticas son un tesoro invaluable en nuestra vida. Son las conexiones que nos apoyan, nos desafían y nos enriquecen en nuestro viaje. Hemos explorado cómo las relaciones son el tejido de nuestra experiencia humana y cómo podemos cultivar conexiones significativas a través de la comunicación auténtica, la empatía y la gratitud.

En este capítulo, hemos desafiado patrones y creencias que pueden haber afectado nuestras relaciones en el pasado. Hemos aprendido a enfrentar obstáculos y conflictos de manera constructiva y a celebrar el propósito compartido que une a las personas. A medida que continuamos en nuestro viaje de reconstrucción de relaciones, recordemos que cada conexión que cultivamos es una oportunidad para crecer, aprender y experimentar el poder transformador de las conexiones humanas auténticas.

Capítulo 7: Empoderamiento Personal: Descubriendo Tus Fortalezas Internas

En lo más profundo de cada ser humano yace un potencial ilimitado de fortaleza, creatividad y valentía. En el capítulo titulado "Empoderamiento Personal: Descubriendo Tus Fortalezas Internas", nos adentramos en un viaje emocional y transformador hacia el núcleo de nuestra propia esencia. Exploramos cómo desbloquear el poder interno y cultivar un sentido de empoderamiento que nos lleve a vivir una vida plena y auténtica.

El Poder del Autoconocimiento

El autoconocimiento es la base del empoderamiento personal. Cuando nos conocemos a nosotros mismos en profundidad, podemos identificar nuestras fortalezas y debilidades, nuestros sueños y metas, y nuestras pasiones y valores fundamentales. En este capítulo, nos embarcamos en un viaje hacia nuestro interior para descubrir quiénes somos realmente y cómo podemos utilizar ese conocimiento para empoderarnos.

Exploramos nuestras creencias auto-limitantes y las narrativas internas que a veces nos impiden crecer. Al cuestionar estas creencias y explorar nuestras emociones y deseos más profundos, nos abrimos a la posibilidad de transformación personal y empoderamiento.

Abrazando tu Propia Autenticidad

La autenticidad es un acto de amor propio y empoderamiento. En un mundo lleno de influencias externas y expectativas sociales, a veces puede ser difícil mantenernos fieles a nosotros mismos. En este capítulo, exploramos cómo abrazar nuestra propia autenticidad nos permite alinearnos con nuestra verdadera esencia y tomar decisiones que reflejen nuestras necesidades y deseos internos.

A través de ejercicios de autoexploración y prácticas de autenticidad, aprendemos a liberarnos de la necesidad de complacer a los demás y a abrazar nuestra singularidad. Al hacerlo, fortalecemos nuestra confianza en nosotros mismos y construimos una base sólida para el empoderamiento personal.

Cultivando la Autoconfianza y la Autoestima

La autoconfianza y la autoestima son cimientos esenciales del empoderamiento personal. Creer en nuestras propias capacidades y valor es fundamental para enfrentar los desafíos de la vida con valentía. En este capítulo, exploramos cómo podemos cultivar la autoconfianza y la autoestima a través de la autocompasión, el reconocimiento de nuestras victorias y la aceptación de nuestras imperfecciones.

A medida que nos desafiamos a nosotros mismos y superamos obstáculos, construimos un sentido profundo de logro y satisfacción. La autoconfianza crece a medida que reconocemos que somos capaces de enfrentar los desafíos y adaptarnos a las circunstancias. Con cada paso adelante, construimos una base más sólida para nuestro empoderamiento personal.

La Mentalidad de la Posibilidad y el Crecimiento

La mentalidad que adoptamos juega un papel crucial en nuestro empoderamiento personal. Una mentalidad de posibilidad y crecimiento nos permite ver los desafíos como oportunidades de aprendizaje y transformación. En este capítulo, exploramos cómo podemos cambiar nuestra mentalidad y adoptar una perspectiva que nos impulse a crecer y expandirnos.

A través de ejercicios de cambio de mentalidad y técnicas de visualización, aprendemos a enfrentar los desafíos con una actitud abierta y optimista. Descubrimos cómo la resiliencia y la determinación pueden transformar nuestras experiencias y llevarnos a alcanzar logros que nunca creímos posibles.

El Poder de la Automotivación y la Pasión

La automotivación y la pasión son motores que impulsan el empoderamiento personal. Cuando nos conectamos con lo que nos apasiona, encontramos una fuente inagotable de energía y determinación. En este capítulo, exploramos cómo cultivar la automotivación y cómo identificar y seguir nuestras pasiones.

A través de ejercicios de autodescubrimiento y reflexión, aprendemos a sintonizarnos con nuestras pasiones y a establecer metas alineadas con nuestras aspiraciones más profundas. A medida que seguimos nuestras pasiones, nos empoderamos para superar obstáculos y alcanzar nuestros sueños con resolución.

La Importancia de la Autocuidado y el Equilibrio

El empoderamiento personal no se trata solo de logros externos, sino también de nutrir nuestro bienestar interno. El autocuidado y el equilibrio son componentes esenciales para mantener un sentido de empoderamiento sostenible. En este capítulo, exploramos cómo podemos cuidar de nuestra salud física, emocional y mental para fortalecer nuestra capacidad de enfrentar los desafíos con fuerza y claridad.

Desde la práctica de la atención plena hasta la búsqueda de actividades que nos recarguen, descubrimos cómo el autocuidado es una inversión en nuestra propia fortaleza y resiliencia. A medida que nos cuidamos a nosotros mismos, creamos un fundamento sólido para el empoderamiento personal y la realización personal.

Desafiando los Límites y Ampliando Fronteras

El empoderamiento personal implica desafiar los límites autoimpuestos y ampliar nuestras fronteras personales. En este capítulo, exploramos cómo superar nuestros miedos y salir de nuestra zona de confort nos permite descubrir nuevas dimensiones de nuestro potencial. A través de historias inspiradoras y ejemplos concretos, aprendemos cómo las personas han desafiado sus límites y logrado cosas increíbles.

A medida que nos atrevemos a enfrentar desafíos más grandes y abrazar nuevas oportunidades, creamos una sensación de logro y satisfacción que alimenta nuestro empoderamiento personal. Descubrimos que cada vez que cruzamos una frontera, expandimos nuestra visión de lo que es posible y nos acercamos a la realización de nuestro potencial completo.

Conclusión:

A medida que concluimos este capítulo, recordemos que el empoderamiento personal es un viaje constante hacia la realización de nuestro potencial interior. Es un compromiso con nuestro crecimiento, autenticidad y capacidad de superar desafíos con determinación. Hemos explorado cómo el autoconocimiento, la autenticidad, la autoconfianza y la automotivación son componentes esenciales de nuestro empoderamiento.

En este capítulo, hemos desafiado las creencias limitantes y hemos cultivado una mentalidad de posibilidad y crecimiento. Hemos aprendido a cuidar de nuestro bienestar interno y a desafiar nuestros propios límites. A medida que continuamos en nuestro viaje de empoderamiento personal, recordemos que tenemos el poder de transformar nuestras vidas y vivir con una valentía y una pasión renovadas. Cada paso que damos nos acerca a vivir una vida auténtica y empoderada, irradiando la luz de nuestro potencial interno hacia el mundo que nos rodea.

Capítulo 8: Liberando el Pasado: Sanando Heridas y Dejando Ir

En el viaje de la vida, todos llevamos con nosotros una mochila invisible cargada de experiencias pasadas, recuerdos dolorosos y heridas emocionales. En el capítulo titulado "Liberando el Pasado: Sanando Heridas y Dejando Ir", nos sumergimos en un profundo y conmovedor viaje de sanación interior. Exploramos cómo podemos liberar el peso del pasado y abrirnos a la posibilidad de un presente y un futuro llenos de paz y libertad.

Las Cadenas del Pasado

El pasado puede convertirse en cadenas que nos atan, impidiéndonos avanzar con ligereza y alegría. A menudo, llevamos con nosotros las heridas emocionales y los resentimientos que se originan en experiencias pasadas, y estas cargas pueden afectar nuestra vida presente y futura. En este capítulo, nos adentramos en la exploración de cómo liberar estas cadenas y deshacernos del peso del pasado.

Nos desafiamos a nosotros mismos a confrontar las heridas y los recuerdos dolorosos que han estado afectando nuestra calidad de vida. A través de ejercicios de reflexión y autoindagación, comenzamos a identificar y comprender cómo estas experiencias nos han influenciado y cómo podemos sanarlas para avanzar hacia una vida más plena.

La Sanación como Acto de Amor Propio

La sanación es un acto profundo de amor propio. Al enfrentar nuestras heridas y trabajar para sanarlas, estamos honrando nuestro propio bienestar emocional y mental. En este capítulo, exploramos cómo podemos cultivar la compasión por nosotros mismos y crear un espacio seguro para enfrentar y sanar nuestras heridas.

A través de prácticas de autocuidado, aprendemos a tratarnos a nosotros mismos con la misma bondad y empatía que mostraríamos a un ser querido que está pasando por momentos difíciles. A medida que nos abrimos a la sanación, creamos un ambiente en el que nuestras heridas pueden transformarse en oportunidades de crecimiento y transformación.

Perdonar para Sanar

El perdón es una herramienta poderosa en el proceso de sanación. A menudo, aferrarnos a resentimientos y sentimientos de injusticia nos impide avanzar y experimentar la paz interior. En este capítulo, exploramos cómo el acto de perdonar, tanto a otros como a nosotros mismos, nos libera del pasado y nos permite seguir adelante con ligereza y alegría.

El perdón no significa justificar el comportamiento de los demás ni olvidar lo que ha sucedido. Más bien, es un acto de liberación que nos permite dejar de cargar el peso de la ira y el resentimiento. A través de ejercicios de reflexión y prácticas de perdón, aprendemos a soltar el pasado y a abrazar el presente con un corazón abierto.

El Poder de Dejar Ir

Dejar ir es una forma de liberación y una elección consciente de soltar aquello que ya no nos sirve. En este capítulo, exploramos cómo podemos practicar el arte de dejar ir, soltando apegos, expectativas y emociones que nos mantienen atrapados en el pasado. A través de ejercicios de liberación y desapego, aprendemos a soltar y permitir que la vida fluya con mayor facilidad.

A menudo, el miedo al cambio y la resistencia pueden dificultar el proceso de dejar ir. Pero al reconocer que el pasado ya no puede ser cambiado y que aferrarse a él solo nos impide crecer, podemos tomar la decisión de soltar y abrazar nuevas posibilidades. El acto de dejar ir es un paso valiente hacia la liberación del pasado y la creación de un espacio para el renacimiento.

La Transformación a Través de la Reconciliación

La reconciliación es un proceso de sanación profundo que puede llevarnos hacia la transformación. En este capítulo, exploramos cómo podemos reconciliarnos con nuestras heridas, nuestras experiencias pasadas y, en algunos casos, con las personas que nos han lastimado. A través de la reflexión y el trabajo interno, aprendemos a liberar el resentimiento y a encontrar una sensación de paz y cierre.

La reconciliación no siempre significa volver a conectar con las personas que nos han lastimado, sino más bien liberarnos del poder que tienen sobre nosotros. A medida que nos liberamos del rencor y encontramos la paz interior, experimentamos una transformación profunda que nos permite avanzar con una mayor comprensión de nosotros mismos y de los demás.

El Renacimiento y la Renovación del Ser

El proceso de liberación del pasado nos lleva a un renacimiento interno. A medida que sanamos y soltamos, creamos espacio para la renovación de nuestro ser. En este capítulo, exploramos cómo este proceso de renacimiento nos permite experimentar una sensación de ligereza, claridad y renovación.

A través de ejercicios de visualización y prácticas de autocuidado, nos permitimos soltar y liberar todo lo que ya no nos sirve. A medida que nos liberamos del peso del pasado, nos abrimos a la posibilidad de crear una vida nueva y significativa, basada en nuestras fortalezas internas y en la sabiduría que hemos adquirido a lo largo de nuestras experiencias.

Conclusión:

A medida que concluimos este capítulo, recordemos que la liberación del pasado es un acto de amor y cuidado hacia nosotros mismos. Al sanar heridas y soltar cargas, creamos un espacio en nuestro interior para la paz, la alegría y la renovación. Hemos explorado cómo la sanación y el perdón nos empoderan para soltar el pasado y abrazar un presente lleno de posibilidades.

En este capítulo, hemos desafiado las creencias que nos mantienen atrapados en el pasado y hemos aprendido a practicar el arte de dejar ir. Hemos explorado cómo la reconciliación nos lleva a la transformación y al renacimiento. A medida que continuamos en nuestro viaje de liberación del pasado, recordemos que cada paso que damos nos acerca a una vida más plena, auténtica y enriquecedora, donde somos libres para ser quienes realmente somos

Capítulo 9: Visualización Creativa: Diseñando Tu Futuro Ideal

La mente humana es un lienzo en blanco lleno de posibilidades infinitas. En el capítulo titulado "Visualización Creativa: Diseñando Tu Futuro Ideal", nos adentramos en el emocionante mundo de la visualización creativa, una herramienta poderosa que nos permite moldear y crear nuestro futuro de manera intencional. Exploramos cómo podemos utilizar nuestra imaginación y nuestra intención para diseñar un camino hacia una vida llena de realización y significado.

El Poder de la Imaginación

La imaginación es el puente entre lo que es y lo que podría ser. En nuestra mente, podemos crear mundos, escenarios y situaciones que aún no existen en la realidad. En este capítulo, exploramos cómo podemos utilizar el poder de la imaginación de manera consciente para dar forma a nuestro futuro ideal.

A través de ejercicios de visualización y prácticas de enfoque mental, aprendemos a sintonizarnos con nuestra creatividad interior y a visualizar de manera vívida y detallada el futuro que deseamos crear. Al hacerlo, activamos nuestra mente subconsciente y establecemos una conexión profunda entre nuestra visión interna y el mundo externo.

Diseñando tu Futuro Ideal

La visualización creativa nos permite ser los arquitectos de nuestro propio destino. En este capítulo, exploramos cómo podemos diseñar nuestro futuro ideal al imaginar con claridad nuestros objetivos, sueños y aspiraciones. Aprendemos a definir lo que queremos lograr en diversas áreas de nuestra vida, como relaciones, carrera, salud y crecimiento personal.

A medida que delineamos nuestras metas y sueños, creamos una visión clara y concreta de lo que deseamos manifestar en nuestra realidad. Nos desafiamos a soñar en grande y a permitirnos imaginar un futuro que resuene con nuestras pasiones y deseos más profundos. A través de ejercicios de reflexión y escritura, damos forma a nuestro viaje de visualización creativa.

La Intención y la Energía de la Manifestación

La visualización creativa es más que simplemente imaginar; también implica infundir nuestras visualizaciones con intención y energía. En este capítulo, exploramos cómo podemos establecer una intención clara y poderosa para cada aspecto de nuestro futuro ideal. Aprendemos a concentrar nuestra energía mental y emocional en nuestras visualizaciones para acelerar el proceso de manifestación.

A través de técnicas de enfoque y prácticas de mindfulness, cultivamos la habilidad de mantener nuestra atención en nuestras visualizaciones con una intención clara y positiva. A medida que nos sumergimos en el proceso de visualización con energía y propósito, comenzamos a alinear nuestras acciones y decisiones con nuestra visión interna, creando un camino claro hacia nuestra realidad deseada.

La Persistencia y la Paciencia en el Proceso de Manifestación

La manifestación de nuestro futuro ideal requiere persistencia y paciencia. En este capítulo, exploramos cómo podemos mantener nuestra visualización creativa a lo largo del tiempo y superar los obstáculos que puedan surgir en el camino. Aprendemos a mantener una mentalidad positiva y una confianza inquebrantable en nuestra capacidad para crear la realidad que deseamos.

A través de ejercicios de manejo del estrés y prácticas de autocuidado, aprendemos a mantener nuestra energía y enfoque a lo largo del viaje de manifestación. A medida que enfrentamos desafíos y contratiempos, recordamos que cada paso que damos nos acerca más a la realización de nuestra visión interna.

El Papel de la Gratitud en la Manifestación

La gratitud es una fuerza poderosa que impulsa la manifestación. En este capítulo, exploramos cómo la gratitud puede amplificar nuestros esfuerzos de visualización creativa al crear un estado mental y emocional propicio para la atracción de nuestras metas y deseos. Aprendemos a cultivar una actitud de gratitud por lo que ya tenemos y por lo que estamos en proceso de crear.

A través de ejercicios de gratitud y prácticas de apreciación, nos sumergimos en un estado de abundancia y reconocimiento de las bendiciones que nos rodean. Al hacerlo, elevamos nuestra energía y sintonizamos nuestra frecuencia con las posibilidades que estamos visualizando. La gratitud nos ayuda a mantener una mentalidad positiva y atractiva que acelera el proceso de manifestación.

La Sincronización con la Oportunidad

La visualización creativa nos ayuda a sintonizarnos con las oportunidades que nos llevan hacia nuestro futuro ideal. En este capítulo, exploramos cómo nuestras visualizaciones actúan como un imán que atrae las circunstancias y personas que nos ayudan a avanzar en nuestro camino. Aprendemos a reconocer las señales y oportunidades que se presentan y a tomar medidas en consecuencia.

A medida que mantenemos nuestra visión interna clara y firme, nos abrimos a la posibilidad de tomar decisiones alineadas con nuestras metas y sueños. Nos desafiamos a nosotros mismos a dar pasos audaces y a enfrentar desafíos con la confianza de que estamos en el camino correcto. La visualización creativa nos guía hacia un flujo natural de oportunidades que nos conducen a nuestro futuro ideal.

Conclusión:

A medida que concluimos este capítulo, recordemos que la visualización creativa es una herramienta poderosa que nos permite diseñar el tapiz de nuestro propio futuro. A través de la imaginación, la intención y la energía, podemos manifestar una realidad que resuene con nuestros deseos más profundos. Hemos explorado cómo la visualización creativa nos permite moldear nuestro destino de manera intencional y consciente.

En este capítulo, hemos aprendido a definir nuestras metas y sueños, a infundir nuestras visualizaciones con intención y energía, y a mantener la persistencia y la paciencia en el proceso de manifestación. Hemos explorado cómo la gratitud y la sincronización con las oportunidades nos llevan a nuestro futuro ideal. A medida que continuamos en nuestro viaje de visualización creativa, recordemos que cada visualización es un paso hacia la creación de una vida que refleje nuestra visión interna y nos lleve a la realización de nuestras más grandes aspiraciones.

Capítulo 10: Abrazando el Cambio: Aprende a Fluir con las Transformaciones

La vida es un río en constante flujo, y el cambio es su corriente vital. En el capítulo titulado "Abrazando el Cambio: Aprende a Fluir con las Transformaciones", nos sumergimos en la profunda y enriquecedora experiencia de abrazar el cambio como una oportunidad para el crecimiento y la transformación personal. Exploramos cómo podemos cultivar una mentalidad flexible y resiliente que nos permita navegar las aguas del cambio con gracia y fortaleza.

La Naturaleza Inevitable del Cambio

El cambio es una constante en nuestras vidas, aunque a veces puede ser difícil de aceptar. En este capítulo, exploramos cómo el cambio es una parte inherente de la experiencia humana y cómo nuestras reacciones ante él pueden influir en nuestra calidad de vida. Aprendemos a ver el cambio como una oportunidad para el crecimiento y la evolución en lugar de algo que temer o resistir.

Al comprender que el cambio es una fuerza natural e ineludible, nos abrimos a la posibilidad de abrazarlo como una oportunidad para adaptarnos y transformarnos. A través de ejercicios de reflexión y autoindagación, comenzamos a explorar nuestra relación con el cambio y a redefinir nuestra perspectiva hacia él.

Cultivando una Mentalidad de Resiliencia

La resiliencia es la capacidad de enfrentar el cambio con flexibilidad y fortaleza emocional. En este capítulo, exploramos cómo podemos cultivar una mentalidad de resiliencia que nos permita adaptarnos y sobrellevar los desafíos que trae consigo el cambio. Aprendemos a abrazar la incertidumbre y a confiar en nuestra capacidad para enfrentar lo desconocido.

A través de ejercicios de autoafirmación y técnicas de manejo del estrés, construimos una base sólida de resiliencia emocional. Reconocemos que la resiliencia no solo nos ayuda a enfrentar los desafíos, sino que también nos permite crecer a partir de ellos. Al cultivar una mentalidad resiliente, nos convertimos en maestros del cambio en lugar de sus víctimas.

La Belleza de la Adaptabilidad

La adaptabilidad es un regalo que nos permite fluir con los cambios y sacar lo mejor de ellos. En este capítulo, exploramos cómo la adaptabilidad nos permite mantenernos flexibles y abiertos a nuevas experiencias y posibilidades. Aprendemos a soltar las expectativas rígidas y a abrazar la belleza de la fluidez en nuestras vidas.

A través de ejercicios de liberación y prácticas de aceptación, comenzamos a liberarnos de la resistencia al cambio y a permitir que fluya en nuestras vidas con naturalidad. A medida que abrazamos la adaptabilidad, nos damos cuenta de que cada cambio nos presenta oportunidades únicas para aprender, crecer y expandirnos como individuos.

Enfrentando el Miedo al Cambio

El miedo al cambio es una emoción común que puede detenernos en nuestra búsqueda de crecimiento y transformación. En este capítulo, exploramos cómo podemos enfrentar y superar el miedo al cambio al comprender sus raíces y trabajar en nuestra relación con él. Aprendemos a transformar el miedo en un motor que nos impulsa a explorar lo desconocido.

A través de ejercicios de autoexploración y técnicas de manejo del miedo, aprendemos a identificar y desafiar las creencias limitantes que nos mantienen atrapados en la zona de confort. Reconocemos que el miedo es una oportunidad para crecer y expandir nuestros límites, y comenzamos a abrazar el cambio como un catalizador de nuestra evolución personal.

La Transformación a Través del Cambio

El cambio es un agente de transformación que puede llevarnos a nuevas alturas de autodescubrimiento y crecimiento. En este capítulo, exploramos cómo cada cambio en nuestras vidas nos brinda la oportunidad de renacer y reinventarnos. Aprendemos a abrazar el cambio como un proceso de transformación interna que nos permite soltar viejas identidades y adoptar nuevas perspectivas.

A través de ejercicios de autorreflexión y técnicas de liberación emocional, comenzamos a explorar cómo los momentos de cambio pueden servir como puntos de inflexión en nuestra vida. A medida que nos abrimos a la transformación, nos damos cuenta de que cada cambio nos acerca a convertirnos en la versión más auténtica y plena de nosotros mismos.

Fluyendo con la Incertidumbre

La incertidumbre es una compañera constante en el camino del cambio. En este capítulo, exploramos cómo podemos abrazar la incertidumbre y aprender a fluir con ella en lugar de resistirla. Aprendemos a confiar en nuestra capacidad para enfrentar lo desconocido y a encontrar un sentido de seguridad interna incluso en medio de la incertidumbre.

A través de ejercicios de aceptación y prácticas de mindfulness, comenzamos a liberarnos de la necesidad de tener todo bajo control y a abrazar la fluidez de la vida. A medida que aprendemos a fluir con la incertidumbre, descubrimos que cada momento de cambio nos brinda la oportunidad de conectarnos con nuestra fuerza interior y nuestra sabiduría interna.

El Arte de Dejar Ir y Permitir

Dejar ir y permitir son actos poderosos que nos permiten fluir con el cambio sin resistencia. En este capítulo, exploramos cómo podemos dominar el arte de dejar ir las expectativas rígidas y permitir que la vida se desenvuelva con naturalidad. Aprendemos a soltar el control y a confiar en que el universo nos guía hacia donde necesitamos estar.

A través de ejercicios de desapego y técnicas de liberación, comenzamos a soltar las cargas emocionales y mentales que nos impiden fluir con el cambio. A medida que dejamos ir y permitimos, creamos espacio para nuevas experiencias y oportunidades. Descubrimos que cuando confiamos en el proceso de la vida, nos volvemos más abiertos a los regalos que el cambio puede traer.

Conclusión:

A medida que concluimos este capítulo, recordemos que el cambio es una danza constante en el río de la vida. Al abrazar el cambio como una oportunidad para el crecimiento y la transformación, nos convertimos en navegantes hábiles en las aguas de lo desconocido. Hemos explorado cómo la adaptabilidad, la resiliencia y la transformación nos permiten fluir con la corriente del cambio.

En este capítulo, hemos desafiado las resistencias al cambio y hemos aprendido a enfrentar el miedo que a menudo lo acompaña. Hemos explorado cómo el cambio nos brinda la oportunidad de transformarnos en seres más auténticos y plenos. A medida que continuamos en nuestro viaje de abrazar el cambio, recordemos que cada ola de cambio nos brinda la oportunidad de crecer, evolucionar y bailar en la hermosa danza del río de la vida.

Capítulo 11: Soltando Creencias Limitantes: Creando una Mentalidad Positiva

Nuestras creencias son los cimientos sobre los que construimos nuestra realidad. En el capítulo titulado "Soltando Creencias Limitantes: Creando una Mentalidad Positiva", nos adentramos en el poderoso mundo de nuestras creencias y exploramos cómo las percepciones que tenemos de nosotros mismos y del mundo pueden influir en nuestra vida de maneras profundas y significativas. A través de este capítulo, descubriremos cómo soltar las creencias limitantes y cultivar una mentalidad positiva que nos empodere para alcanzar nuestro máximo potencial.

El Poder de las Creencias

Nuestras creencias actúan como filtros a través de los cuales interpretamos y respondemos a la realidad que nos rodea. En este capítulo, exploramos cómo nuestras creencias pueden afectar nuestras decisiones, acciones y resultados en la vida. Aprendemos a reconocer que nuestras creencias son moldeables y que tenemos el poder de transformar aquellas que ya no nos sirven.

Al comprender que nuestras creencias son construcciones mentales y no verdades absolutas, nos abrimos a la posibilidad de cuestionar aquellas que pueden estar limitando nuestro crecimiento y bienestar. A través de ejercicios de autoindagación y reflexión, comenzamos a explorar nuestras creencias arraigadas y a examinar si están en línea con nuestra visión de una vida plena y significativa.

Identificando Creencias Limitantes

Las creencias limitantes son aquellas que nos impiden avanzar y alcanzar nuestro potencial máximo. En este capítulo, exploramos cómo podemos identificar estas creencias, muchas veces arraigadas en experiencias pasadas, y cómo pueden manifestarse en nuestra vida diaria. Aprendemos a reconocer los patrones de pensamiento negativos que pueden estar reforzando estas creencias limitantes.

A través de ejercicios de autobservación y técnicas de análisis de pensamientos, comenzamos a identificar las creencias que pueden estar frenando nuestro crecimiento. A medida que nos adentramos en este proceso, recordamos que la toma de conciencia es el primer paso para el cambio y la transformación de nuestras creencias limitantes.

Desafiando y Transformando Creencias Limitantes

El proceso de soltar creencias limitantes implica desafiar y reemplazar esas percepciones negativas por creencias que nos empoderen. En este capítulo, exploramos cómo podemos cuestionar y desafiar nuestras creencias limitantes al analizar su validez y origen.

Aprendemos a encontrar evidencia en contra de estas creencias y a crear nuevas afirmaciones positivas que las sustituyan.

A través de ejercicios de reestructuración cognitiva y prácticas de afirmación, comenzamos a transformar nuestras creencias limitantes en afirmaciones positivas que refuercen nuestra autoestima y confianza en nosotros mismos. A medida que desafiamos nuestras creencias negativas y las reemplazamos por pensamientos positivos, creamos un nuevo marco mental que nos permite enfrentar los desafíos con una actitud optimista.

Cultivando una Mentalidad Positiva

Una mentalidad positiva es un motor poderoso que nos impulsa hacia adelante en la vida. En este capítulo, exploramos cómo podemos cultivar una mentalidad positiva que nos permita enfrentar los desafíos con resiliencia y optimismo. Aprendemos a enfocarnos en nuestras fortalezas y en las oportunidades que se presentan en cada situación.

A través de ejercicios de gratitud y prácticas de autoafirmación, comenzamos a entrenar nuestra mente para ver el lado positivo de las cosas y enfocarnos en las soluciones en lugar de los problemas. A medida que cultivamos una mentalidad positiva, nos damos cuenta de que podemos influir en nuestra percepción de la realidad y crear un estado mental que nos empodere en todo lo que hacemos.

La Autoimagen y la Autoestima Positiva

Nuestra autoimagen y autoestima están intrínsecamente ligadas a nuestras creencias sobre nosotros mismos. En este capítulo, exploramos cómo nuestras creencias pueden afectar nuestra autoimagen y cómo podemos construir una autoestima positiva al soltar las creencias que nos hacen sentir menos valiosos. Aprendemos a nutrir una relación amorosa con nosotros mismos y a reconocer nuestro propio valor.

A través de ejercicios de autorreflexión y prácticas de autocuidado, comenzamos a construir una autoimagen positiva al reconocer nuestras cualidades únicas y nuestras contribuciones al mundo. A medida que soltamos las creencias limitantes que nos han estado frenando, abrimos espacio para una autoestima sólida y una confianza en nosotros mismos que nos empodera en todas las áreas de nuestra vida.

Creando Nuevas Creencias Potenciadoras

Soltar creencias limitantes nos brinda la oportunidad de crear nuevas creencias potenciadoras que nos impulsen hacia el éxito y la realización. En este capítulo, exploramos cómo podemos diseñar y afirmar nuevas creencias que estén alineadas con nuestra visión de una vida plena y significativa. Aprendemos a construir una base de creencias que nos inspiren a perseguir nuestros sueños con pasión y determinación.

A través de ejercicios de visualización y técnicas de afirmación, comenzamos a crear una lista de creencias potenciadoras que reflejen nuestra confianza en nuestras habilidades y nuestra valía. A medida que nos sumergimos en este proceso, recordamos que nuestras creencias actúan como imanes que atraen experiencias y resultados en línea con lo que creemos posible.

La Transformación a Través de la Mentalidad Positiva

La mentalidad positiva es un vehículo que nos lleva hacia la transformación personal. En este capítulo, exploramos cómo al soltar creencias limitantes y cultivar una mentalidad positiva, nos transformamos en seres más seguros, optimistas y resilientes. Aprendemos a abrazar el cambio interno que nos permite crecer y evolucionar hacia nuestra mejor versión.

A través de ejercicios de autorreflexión y técnicas de autodescubrimiento, comenzamos a ver cómo nuestras creencias influyen en nuestras acciones y resultados. A medida que abrazamos una mentalidad positiva, nos damos cuenta de que tenemos el poder de cambiar nuestra historia y de crear una vida que refleje nuestra visión más elevada.

Conclusión:

A medida que concluimos este capítulo, recordemos que nuestras creencias moldean nuestra realidad. Al soltar creencias limitantes y cultivar una mentalidad positiva, nos damos el regalo de la transformación interior. Hemos explorado cómo nuestras creencias pueden ser moldeables y cómo podemos reemplazar aquellas que no nos sirven por creencias que nos empoderen.

En este capítulo, hemos desafiado las creencias negativas, hemos construido una autoimagen positiva y hemos creado nuevas creencias potenciadoras que nos impulsan hacia el éxito y la realización. A medida que continuamos en nuestro viaje de crecimiento personal, recordemos que tenemos el poder de crear una realidad en la que nuestras creencias nos apoyen y nos guíen hacia un futuro lleno de posibilidades infinitas.

Capítulo 12: Descubriendo tu Propósito: Encuentra Significado en Todo lo que Haces

El anhelo de encontrar un propósito que dé sentido a nuestra vida es una búsqueda universal. En el capítulo titulado "Descubriendo tu Propósito: Encuentra Significado en Todo lo que Haces", exploramos el profundo viaje hacia el autodescubrimiento y la búsqueda de significado en cada aspecto de nuestra existencia. A través de este capítulo, nos aventuramos a explorar cómo podemos encontrar un propósito que nos inspire y guíe en nuestro camino.

El Anhelo de Significado

El deseo de encontrar un propósito significativo es una llama ardiente en el corazón humano. En este capítulo, exploramos cómo este anhelo nos conecta con nuestra esencia más profunda y cómo puede servir como un faro en momentos de incertidumbre. Aprendemos a reconocer que el propósito no siempre es un destino fijo, sino una guía que nos acompaña en nuestro viaje.

Al comprender que el propósito puede manifestarse en diferentes áreas de nuestra vida, nos abrimos a la posibilidad de encontrar significado en cada acción que emprendemos. A través de ejercicios de reflexión y autoindagación, comenzamos a explorar lo que realmente significa para nosotros encontrar un propósito y cómo podemos incorporarlo en cada faceta de nuestra existencia.

Explorando tus Pasiones y Valores

Las pasiones y valores son ventanas a nuestro propósito interior. En este capítulo, exploramos cómo nuestras pasiones y valores pueden actuar como brújulas que nos guían hacia un sentido más profundo de significado. Aprendemos a identificar lo que nos hace sentir apasionados y lo que realmente valoramos en la vida.

A través de ejercicios de autoexploración y técnicas de identificación de valores, comenzamos a desentrañar las capas que ocultan nuestras verdaderas pasiones y valores. A medida que exploramos estas áreas, recordamos que alinearnos con nuestras pasiones y valores nos permite vivir una vida auténtica y significativa.

La Conexión entre Propósito y Servicio

El propósito a menudo se encuentra en servir a algo más grande que nosotros mismos. En este capítulo, exploramos cómo el acto de servir a los demás puede nutrir nuestro sentido de propósito y satisfacción. Aprendemos a reconocer cómo nuestras acciones pueden tener un impacto positivo en el mundo y en la vida de los demás.

A través de ejercicios de servicio y prácticas de generosidad, comenzamos a experimentar cómo nuestras acciones pueden ser vehículos para expresar nuestro propósito y contribuir al bienestar de los demás. A medida que nos conectamos con el servicio, descubrimos que el propósito y la satisfacción van de la mano cuando compartimos nuestras habilidades y recursos con el mundo.

La Importancia de la Autenticidad

Encontrar un propósito auténtico significa estar en sintonía con nuestra verdadera esencia. En este capítulo, exploramos cómo la autenticidad es un componente esencial para descubrir un propósito que sea genuino y significativo. Aprendemos a soltar las máscaras y las expectativas externas para conectar con lo que realmente somos.

A través de ejercicios de autoconciencia y técnicas de autenticidad, comenzamos a honrar nuestra verdad interior y a alinear nuestras acciones con quienes somos en realidad. A medida que abrazamos nuestra autenticidad, nos damos cuenta de que el propósito se revela cuando vivimos desde un lugar de sinceridad y honestidad.

La Búsqueda Continua del Propósito

La búsqueda del propósito es un viaje en constante evolución. En este capítulo, exploramos cómo el propósito puede cambiar y evolucionar a lo largo de diferentes etapas de la vida. Aprendemos a abrazar la fluidez del propósito y a permitirnos adaptarnos y crecer a medida que nos enfrentamos a nuevas experiencias y desafíos.

A través de ejercicios de adaptabilidad y técnicas de autodescubrimiento, comenzamos a comprender que el propósito no es una meta final, sino un viaje continuo de descubrimiento y crecimiento. A medida que abrazamos la evolución del propósito, nos damos cuenta de que cada paso en nuestro camino nos acerca más a la realización de nuestro potencial más elevado.

Integrando el Propósito en la Vida Diaria

Encontrar un propósito no solo se trata de una revelación, sino de incorporarlo en cada aspecto de nuestra vida. En este capítulo, exploramos cómo podemos integrar el propósito en nuestra vida diaria a través de acciones conscientes y decisiones alineadas. Aprendemos a vivir de manera coherente con nuestro propósito en cada momento.

A través de ejercicios de planificación y técnicas de enfoque, comenzamos a identificar cómo podemos llevar nuestro propósito a cada actividad que realizamos. A medida que integramos el propósito en nuestra vida diaria, descubrimos que cada acción se vuelve significativa y nos acerca a una vida plena de sentido.

El Proceso de Transformación a través del Propósito

El propósito es un catalizador de transformación interna. En este capítulo, exploramos cómo encontrar y vivir desde un lugar de propósito nos transforma en seres más conectados y realizados. Aprendemos a reconocer cómo el propósito nos inspira a crecer, evolucionar y alcanzar nuestro potencial más elevado.

A través de ejercicios de autorreflexión y prácticas de alineación, comenzamos a ver cómo el propósito no solo nos guía hacia la realización personal, sino que también nos conecta con una sensación de contribución significativa en el mundo. A medida que abrazamos el proceso de transformación a través del propósito, nos damos cuenta de que nuestra búsqueda de significado enriquece nuestra experiencia humana y nos lleva a una vida de autenticidad y realización.

Conclusión:

A medida que concluimos este capítulo, recordemos que el descubrimiento del propósito es un viaje incesante y profundo. Al encontrar significado en cada aspecto de nuestra vida, nos abrimos a la posibilidad de vivir con autenticidad y realización. Hemos explorado cómo el propósito puede encontrarse en nuestras pasiones, valores y actos de servicio. Hemos reconocido que la autenticidad y la evolución son clave en la búsqueda del propósito.

En este capítulo, hemos explorado cómo el propósito no es una meta final, sino un camino continuo de autodescubrimiento y crecimiento. Al integrar el propósito en nuestra vida diaria, nos damos cuenta de que cada momento se convierte en una oportunidad para vivir con intención y significado. A medida que abrazamos el proceso de transformación a través del propósito, nos convertimos en narradores activos de nuestra historia y en buscadores eternos de la esencia más profunda de la vida.

Capítulo 13: Emprendiendo el Viaje Interior: Explorando tus Profundidades

El viaje interior es una odisea hacia el corazón de nuestro ser, una búsqueda profunda de autoconocimiento y conexión espiritual. En el capítulo titulado "Emprendiendo el Viaje Interior: Explorando tus Profundidades", nos aventuramos en la inmensidad de nuestro mundo interno, explorando las capas de nuestra mente, emociones y espiritualidad. A través de este capítulo, nos sumergimos en un viaje de autodescubrimiento y transformación que nos lleva a comprendernos a nosotros mismos y al universo que habita en nuestro interior.

El Llamado al Viaje Interior

El llamado al viaje interior es un susurro del alma que nos invita a adentrarnos en las profundidades de nuestro ser. En este capítulo, exploramos cómo este llamado surge cuando nos sentimos inquietos por comprender quiénes somos realmente y cuál es nuestro lugar en el mundo. Aprendemos a reconocer que el viaje interior es una invitación a descubrir las verdades más profundas que residen en nosotros.

Al comprender que el viaje interior es un acto de amor propio y un compromiso con nuestro crecimiento, nos abrimos a la posibilidad de embarcarnos en esta búsqueda significativa. A través de ejercicios de autorreflexión y autoindagación, comenzamos a escuchar el llamado interior y a prepararnos para adentrarnos en territorios desconocidos de nuestra propia psique.

Navegando las Aguas de la Mente

La mente es un vasto océano de pensamientos, emociones y patrones de pensamiento. En este capítulo, exploramos cómo podemos navegar las aguas de la mente para descubrir sus profundidades y desentrañar sus misterios. Aprendemos a observar nuestros pensamientos sin juicio y a explorar las creencias que nos influyen.

A través de ejercicios de mindfulness y técnicas de observación de pensamientos, comenzamos a ser testigos de la actividad mental sin dejarnos atrapar por ella. A medida que navegamos las aguas de la mente, recordamos que somos más que nuestros pensamientos y que podemos cultivar una relación consciente con nuestra propia mente.

Explorando las Emociones y los Sentimientos

Las emociones y los sentimientos son una brújula interna que nos guía hacia nuestro yo auténtico. En este capítulo, exploramos cómo podemos explorar nuestras emociones y sentimientos para descubrir qué nos mueve y nos motiva. Aprendemos a identificar las emociones subyacentes y a permitirnos sentir plenamente sin juicio.

A través de ejercicios de exploración emocional y técnicas de liberación emocional, comenzamos a desentrañar las capas de nuestras emociones para comprender sus raíces y sus mensajes. A medida que exploramos nuestras emociones, nos damos cuenta de que son un reflejo de nuestra verdad interna y pueden actuar como guías en nuestro viaje de autodescubrimiento.

La Dimensión Espiritual del Viaje Interior

La espiritualidad es un aspecto profundo del viaje interior que nos conecta con un sentido más amplio de la existencia. En este capítulo, exploramos cómo podemos explorar nuestra dimensión espiritual para conectar con algo más grande que nosotros mismos. Aprendemos a cultivar una conexión con el universo y a explorar nuestras creencias y valores espirituales.

A través de ejercicios de conexión espiritual y técnicas de meditación, comenzamos a explorar la dimensión más elevada de nuestro ser. A medida que conectamos con nuestra espiritualidad, nos damos cuenta de que somos parte de un todo más grande y que nuestra búsqueda de significado trasciende los límites de la individualidad.

La Búsqueda de Respuestas Internas

En el viaje interior, buscamos respuestas en lo más profundo de nosotros mismos. En este capítulo, exploramos cómo podemos encontrar respuestas a nuestras preguntas más apremiantes al sintonizarnos con nuestra intuición y sabiduría interna. Aprendemos a confiar en nuestra capacidad para encontrar orientación dentro de nosotros mismos.

A través de ejercicios de introspección y técnicas de conexión intuitiva, comenzamos a acceder a una fuente de conocimiento que reside en nuestro interior. A medida que confiamos en nuestra intuición y sabiduría, nos damos cuenta de que las respuestas que buscamos pueden encontrarse a través del silencio y la autoexploración.

El Viaje hacia la Sanación Interior

El viaje interior también es un camino de sanación profunda. En este capítulo, exploramos cómo podemos sanar heridas emocionales y liberar cargas que han estado pesando en nuestro ser. Aprendemos a abrazar nuestras sombras y a transformar el dolor en oportunidades de crecimiento y transformación.

A través de ejercicios de autocuración y técnicas de liberación emocional, comenzamos a enfrentar los aspectos dolorosos de nuestra historia para sanar y liberar lo que ya no nos sirve. A medida que emprendemos el viaje hacia la sanación interior, descubrimos que la vulnerabilidad y el autocuidado nos llevan a un lugar de empoderamiento y autenticidad.

La Transformación a Través del Viaje Interior

El viaje interior es un camino de transformación constante. En este capítulo, exploramos cómo la exploración de nuestras profundidades internas nos lleva a una transformación interna profunda. Aprendemos a abrazar los cambios internos que surgen a medida que nos enfrentamos a nuestras verdades más profundas.

A través de ejercicios de autodescubrimiento y prácticas de integración, comenzamos a reconocer cómo el viaje interior nos transforma en seres más conscientes y conectados. A medida que abrazamos el proceso de transformación, nos damos cuenta de que el viaje interior es una oportunidad para crecer y evolucionar hacia nuestra mejor versión.

Conclusión:

A medida que concluimos este capítulo, recordemos que el viaje interior es una aventura eterna que nos lleva a las profundidades de nuestro ser. Al explorar las capas de nuestra mente, emociones y espiritualidad, nos abrimos a la posibilidad de un autodescubrimiento continuo y una transformación constante. Hemos explorado cómo la navegación de la mente, la exploración de las emociones y la conexión espiritual nos llevan a un lugar de mayor conocimiento y comprensión.

En este capítulo, hemos reconocido que el viaje interior es una invitación a abrazar todas las partes de nosotros mismos, incluso las más oscuras y desconocidas. A medida que emprendemos este viaje de autodescubrimiento, nos damos cuenta de que cada capa que exploramos nos lleva a un lugar más profundo de conexión y autenticidad. El viaje interior es una aventura de por vida, una búsqueda que nos nutre y enriquece en cada paso del camino.

Capítulo 14: Nutriendo tu Cuerpo y Mente: Un Enfoque Holístico para el Bienestar

El bienestar es una danza armoniosa entre el cuerpo y la mente, una sinfonía en la que cada nota contribuye a la melodía de una vida plena y significativa. En el capítulo titulado "Nutriendo tu Cuerpo y Mente: Un Enfoque Holístico para el Bienestar", nos sumergimos en la importancia de cuidar tanto de nuestro cuerpo como de nuestra mente para lograr un equilibrio integral. A través de este capítulo, exploramos cómo podemos nutrirnos de manera holística para vivir una vida vibrante y llena de vitalidad.

La Conexión entre Cuerpo y Mente

El cuerpo y la mente están intrínsecamente entrelazados en un baile constante de influencia mutua. En este capítulo, exploramos cómo nuestras emociones y pensamientos pueden afectar nuestra salud física, y viceversa. Aprendemos a reconocer que el bienestar integral se logra cuando cuidamos tanto de nuestra salud mental como de nuestro cuerpo físico.

Al comprender la conexión profunda entre cuerpo y mente, nos abrimos a la posibilidad de abordar nuestra salud de manera holística. A través de ejercicios de autoobservación y autoconciencia, comenzamos a explorar cómo nuestras emociones y pensamientos pueden influir en nuestra salud y bienestar en general.

Cuidando el Cuerpo: Nutrición y Movimiento

El cuerpo es el templo que alberga nuestra alma, y cuidar de él es un acto de amor propio. En este capítulo, exploramos cómo podemos nutrir nuestro cuerpo a través de una alimentación saludable y el movimiento consciente. Aprendemos a reconocer que lo que ponemos en nuestro cuerpo tiene un impacto directo en nuestra energía y vitalidad.

A través de ejercicios de planificación de comidas y prácticas de ejercicio físico, comenzamos a adoptar hábitos que respalden la salud de nuestro cuerpo. A medida que cuidamos nuestra nutrición y nos mantenemos activos, nos damos cuenta de que estamos fortaleciendo el vehículo que nos permite experimentar la vida al máximo.

Cultivando la Salud Mental: Mindfulness y Autocuidado

La salud mental es un pilar fundamental en nuestro bienestar general. En este capítulo, exploramos cómo podemos cultivar la salud mental a través de prácticas como el mindfulness y el autocuidado. Aprendemos a reconocer la importancia de dedicar tiempo a cuidar nuestras emociones y pensamientos.

A través de ejercicios de meditación y técnicas de mindfulness, comenzamos a entrenar nuestra mente para estar presente en el momento y liberarnos del estrés y la ansiedad. A medida que incorporamos prácticas de autocuidado en nuestra rutina, nos damos cuenta de que estamos fortaleciendo nuestra resiliencia emocional y mejorando nuestra relación con nosotros mismos.

El Poder de la Gratitud y la Positividad

La gratitud y la positividad son nutrientes esenciales para el alma. En este capítulo, exploramos cómo podemos cultivar un enfoque positivo en la vida y practicar la gratitud diaria. Aprendemos a reconocer cómo la actitud que adoptamos puede influir en nuestra perspectiva y bienestar general.

A través de ejercicios de gratitud y prácticas de visualización positiva, comenzamos a entrenar nuestra mente para enfocarse en las bendiciones en lugar de los desafíos. A medida que cultivamos una actitud positiva y agradecida, nos damos cuenta de que estamos creando un ambiente interno propicio para el crecimiento y la felicidad.

La Importancia del Sueño y la Recuperación

El sueño y la recuperación son elementos esenciales para el funcionamiento óptimo del cuerpo y la mente. En este capítulo, exploramos cómo el descanso adecuado y la recuperación influyen en nuestro bienestar en general. Aprendemos a reconocer que el sueño de calidad y la relajación son fundamentales para recargar nuestras energías.

A través de ejercicios de establecimiento de rutinas de sueño y técnicas de relajación, comenzamos a priorizar el sueño y el tiempo de recuperación en nuestra vida diaria. A medida que nos damos permiso para descansar y recuperarnos, nos damos cuenta de que estamos fortaleciendo nuestra capacidad para enfrentar los desafíos con claridad y vitalidad.

La Práctica de la Atención Plena en la Alimentación

La alimentación consciente es una forma de honrar y nutrir nuestro cuerpo. En este capítulo, exploramos cómo podemos practicar la atención plena en la alimentación, conectándonos con cada bocado que tomamos. Aprendemos a reconocer cómo la alimentación consciente puede influir en nuestra relación con la comida y nuestra satisfacción.

A través de ejercicios de alimentación consciente y técnicas de atención plena, comenzamos a saborear cada momento de nuestras comidas y a prestar atención a las señales de hambre y saciedad de nuestro cuerpo. A medida que practicamos la alimentación consciente, nos damos cuenta de que estamos construyendo una relación más saludable y consciente con la comida.

La Belleza del Equilibrio: Cuerpo, Mente y Espíritu

El equilibrio entre cuerpo, mente y espíritu es el camino hacia el bienestar holístico. En este capítulo, exploramos cómo podemos lograr el equilibrio al nutrir cada aspecto de nuestro ser. Aprendemos a reconocer que el bienestar integral se logra cuando abordamos nuestras necesidades físicas, mentales y espirituales.

A través de ejercicios de evaluación y técnicas de integración, comenzamos a encontrar formas de equilibrar nuestras responsabilidades diarias con el autocuidado y la nutrición de nuestra esencia más profunda. A medida que abrazamos el equilibrio entre cuerpo, mente y espíritu, nos damos cuenta de que estamos viviendo una vida en armonía y plenitud.

La Transformación a Través del Cuidado Holístico

El cuidado holístico es una vía hacia la transformación interna profunda. En este capítulo, exploramos cómo nutrir nuestro cuerpo y mente de manera integral puede conducir a una transformación interna significativa. Aprendemos a reconocer cómo el autocuidado consciente y el enfoque holístico nos empoderan para vivir una vida plena y auténtica.

A través de ejercicios de planificación de bienestar y técnicas de integración, comenzamos a experimentar cómo el cuidado holístico nos ayuda a alcanzar un estado de equilibrio y vitalidad. A medida que abrazamos el poder transformador del cuidado integral, nos damos cuenta de que estamos en un viaje de crecimiento constante hacia una versión mejor y más realizada de nosotros mismos.

Conclusión:

A medida que concluimos este capítulo, recordemos que el bienestar integral es un arte de nutrir todos los aspectos de nuestro ser. Al cuidar de nuestro cuerpo y mente de manera holística, creamos un espacio interno propicio para el crecimiento, la transformación y la realización personal. Hemos explorado cómo la conexión entre cuerpo y mente, la nutrición consciente, el autocuidado mental y el equilibrio entre diferentes dimensiones de nuestro ser nos conducen a una vida plena y significativa.

En este capítulo, hemos reconocido que nutrirnos a nosotros mismos es un acto de amor propio y un compromiso con nuestro bienestar general. Al abrazar el poder del cuidado holístico, nos damos cuenta de que estamos construyendo una base sólida para enfrentar los desafíos con resiliencia y vivir una vida de autenticidad y plenitud.

Capítulo 15: Reinventando tus Hábitos: Construyendo Rutinas para el Éxito

Los hábitos son los cimientos sobre los cuales construimos nuestras vidas. En el capítulo titulado "Reinventando tus Hábitos: Construyendo Rutinas para el Éxito", nos sumergimos en la poderosa influencia que los hábitos tienen en nuestra vida diaria. A través de este capítulo, exploramos cómo podemos redefinir nuestros hábitos y construir rutinas que nos impulsen hacia el éxito y la realización personal.

La Fuerza Transformadora de los Hábitos

Los hábitos son acciones que realizamos de manera automática, y tienen el poder de moldear nuestra vida de manera profunda. En este capítulo, exploramos cómo los hábitos pueden ser agentes de cambio y transformación. Aprendemos a reconocer cómo nuestros hábitos actuales están influyendo en nuestra realidad y cómo podemos redirigirlos para alcanzar nuestros objetivos.

Al comprender la fuerza transformadora de los hábitos, nos abrimos a la posibilidad de redefinir nuestra vida a través de pequeños cambios consistentes. A través de ejercicios de autoevaluación y reflexión, comenzamos a identificar los hábitos que nos están impulsando hacia adelante y aquellos que nos están limitando.

La Ciencia de la Creación de Hábitos

La creación de hábitos es una ciencia que implica la repetición constante de una acción hasta que se convierte en una parte integral de nuestra vida. En este capítulo, exploramos cómo podemos utilizar la ciencia de la creación de hábitos para establecer nuevas rutinas y comportamientos. Aprendemos a reconocer la importancia de la consistencia y la paciencia en este proceso.

A través de ejercicios de planificación de hábitos y técnicas de seguimiento, comenzamos a diseñar un camino claro para la implementación de nuevos hábitos en nuestras vidas. A medida que utilizamos la ciencia de la creación de hábitos, nos damos cuenta de que estamos construyendo un camino hacia el éxito a través de pequeñas acciones diarias.

Identificando Hábitos Potenciadores

Los hábitos pueden ser nuestros aliados en el camino hacia el éxito. En este capítulo, exploramos cómo identificar hábitos potenciadores que nos impulsen hacia nuestros objetivos. Aprendemos a reconocer cuáles son los comportamientos que nos acercan a nuestra visión y cómo podemos incorporarlos en nuestra rutina diaria.

A través de ejercicios de definición de objetivos y técnicas de planificación, comenzamos a identificar hábitos específicos que nos apoyarán en la consecución de nuestras metas. A medida que adoptamos hábitos potenciadores, nos damos cuenta de que estamos creando un sistema que nos lleva gradualmente hacia el éxito que deseamos.

Superando Hábitos Limitantes

Los hábitos limitantes son obstáculos que nos impiden alcanzar nuestro potencial máximo. En este capítulo, exploramos cómo podemos identificar y superar hábitos que nos están frenando. Aprendemos a reconocer cuáles son los comportamientos que nos alejan de nuestros objetivos y cómo podemos reemplazarlos por hábitos más beneficiosos.

A través de ejercicios de autoanálisis y técnicas de reemplazo de hábitos, comenzamos a deshacernos de los patrones que nos limitan y a reemplazarlos por comportamientos que nos impulsan hacia adelante. A medida que superamos hábitos limitantes, nos damos cuenta de que estamos abriendo espacio para el crecimiento y la realización.

La Importancia de la Consistencia

La consistencia es la clave para la creación de hábitos duraderos. En este capítulo, exploramos cómo la constancia en nuestras acciones diarias puede marcar la diferencia en nuestro camino hacia el éxito. Aprendemos a reconocer que la repetición constante de un comportamiento es lo que lo convierte en un hábito arraigado.

A través de ejercicios de establecimiento de rutinas y técnicas de motivación, comenzamos a cultivar la disciplina necesaria para mantenernos consistentes en nuestros esfuerzos. A medida que abrazamos la importancia de la consistencia, nos damos cuenta de que estamos construyendo una base sólida para el crecimiento y el logro de nuestros objetivos.

La Transformación a Través de los Hábitos

Los hábitos pueden ser vehículos de transformación personal. En este capítulo, exploramos cómo la creación de hábitos positivos puede conducir a una transformación profunda en nuestra vida. Aprendemos a reconocer cómo pequeñas acciones repetidas pueden tener un impacto significativo en nuestra realidad.

A través de ejercicios de autodescubrimiento y prácticas de incorporación de hábitos, comenzamos a experimentar cómo la transformación se despliega a medida que cultivamos nuevos comportamientos. A medida que abrazamos la transformación a través de los hábitos, nos damos cuenta de que estamos tomando el control de nuestra vida y construyendo un futuro lleno de posibilidades.

Conclusión:

A medida que concluimos este capítulo, recordemos que la creación de hábitos es un viaje hacia una vida de éxito sostenible. Al reinventar nuestros hábitos y construir rutinas que nos impulsen hacia adelante, estamos creando un camino que nos lleva gradualmente hacia nuestros objetivos. Hemos explorado cómo la fuerza transformadora de los hábitos, la ciencia de su creación, la identificación de hábitos potenciadores y la superación de hábitos limitantes nos empoderan para moldear nuestra realidad.

En este capítulo, hemos reconocido que nuestros hábitos son una expresión de nuestra voluntad y determinación. Al adoptar hábitos que nos apoyen en nuestro camino hacia el éxito, nos damos cuenta de que estamos construyendo una vida en la que nuestros sueños pueden materializarse. Al abrazar la transformación a través de los hábitos, nos convertimos en los arquitectos de nuestro propio destino, construyendo una vida de logros y realización personal.

Capítulo 16: La Magia de la Gratitud: Transforma tu Vida a través de la Apreciación

La gratitud es una fuerza poderosa que puede transformar nuestras vidas de manera profunda y significativa. En el capítulo titulado "La Magia de la Gratitud: Transforma tu Vida a través de la Apreciación", nos sumergimos en el impacto que la práctica de la gratitud puede tener en nuestro bienestar emocional, mental y espiritual. A través de este capítulo, exploramos cómo podemos cultivar la gratitud y experimentar sus efectos mágicos en todos los aspectos de nuestra vida.

El Poder Transformador de la Gratitud

La gratitud es como un faro de luz que ilumina incluso los momentos más oscuros de nuestras vidas. En este capítulo, exploramos cómo la gratitud puede ser una fuerza transformadora que cambia nuestra perspectiva y nos ayuda a encontrar belleza en cada experiencia. Aprendemos a reconocer que la gratitud nos conecta con la abundancia presente en nuestras vidas.

Al comprender el poder transformador de la gratitud, nos abrimos a la posibilidad de cambiar nuestra narrativa interna y ver las bendiciones que nos rodean. A través de ejercicios de reflexión y prácticas de agradecimiento, comenzamos a cultivar una mentalidad de gratitud que nos permite abrazar la vida con aprecio y alegría.

La Ciencia detrás de la Gratitud

La gratitud no solo es una emoción poderosa, sino también una práctica respaldada por la ciencia. En este capítulo, exploramos cómo la neurociencia y la psicología respaldan los beneficios de la gratitud en nuestra salud mental y bienestar emocional. Aprendemos a reconocer cómo la gratitud puede cambiar la estructura de nuestro cerebro y mejorar nuestro estado de ánimo.

A través de ejercicios de observación de pensamientos y técnicas de visualización positiva, comenzamos a experimentar los efectos tangibles de la gratitud en nuestra vida diaria. A medida que entendemos la ciencia detrás de la gratitud, nos damos cuenta de que estamos adoptando una herramienta poderosa para mejorar nuestra salud mental y emocional.

Cultivando la Gratitud en la Vida Diaria

La gratitud es una práctica que puede integrarse en todos los aspectos de nuestra vida. En este capítulo, exploramos cómo podemos cultivar la gratitud en nuestra vida diaria, desde los momentos más simples hasta los desafíos más grandes. Aprendemos a reconocer cómo la gratitud puede ser una actitud que nos acompaña constantemente.

A través de ejercicios de diario de gratitud y prácticas de agradecimiento intencional, comenzamos a entrenar nuestra mente para enfocarse en lo positivo y lo valioso en cada situación. A medida que cultivamos la gratitud en nuestra vida diaria, nos damos cuenta de que estamos elevando nuestra vibración y creando un entorno interno propicio para el crecimiento y la felicidad.

El Arte de Encontrar la Belleza en la Adversidad

La gratitud nos invita a encontrar la belleza incluso en las adversidades. En este capítulo, exploramos cómo podemos aplicar la práctica de la gratitud en momentos de desafío y dificultad. Aprendemos a reconocer que incluso en medio de las tormentas, hay lecciones y oportunidades para crecer.

A través de ejercicios de reflexión y técnicas de cambio de perspectiva, comenzamos a transformar nuestra relación con los desafíos al verlos como oportunidades de aprendizaje. A medida que abrazamos el arte de encontrar la belleza en la adversidad, nos damos cuenta de que la gratitud puede ser un faro de esperanza incluso en los momentos más difíciles.

La Gratitud como Acto de Autocuidado

La gratitud es también un acto de amor propio y autocuidado. En este capítulo, exploramos cómo la práctica de la gratitud puede nutrir nuestra relación con nosotros mismos y mejorar nuestra autoestima. Aprendemos a reconocer que la gratitud nos invita a apreciarnos tal como somos.

A través de ejercicios de afirmaciones positivas y prácticas de autocuidado, comenzamos a fortalecer nuestra autoimagen y a cultivar una relación más saludable con nosotros mismos. A medida que adoptamos la gratitud como un acto de autocuidado, nos damos cuenta de que estamos construyendo una base sólida para el amor propio y la confianza en nosotros mismos.

La Gratitud en las Relaciones Interpersonales

La gratitud también puede transformar nuestras relaciones con los demás. En este capítulo, exploramos cómo la práctica de la gratitud puede fortalecer los lazos interpersonales y mejorar nuestra conexión con los demás. Aprendemos a reconocer cómo la expresión sincera de gratitud puede crear un ambiente de apoyo y cariño mutuo.

A través de ejercicios de agradecimiento a los demás y técnicas de comunicación positiva, comenzamos a cultivar relaciones basadas en la apreciación y el respeto mutuo. A medida que integramos la gratitud en nuestras interacciones, nos damos cuenta de que estamos creando un espacio de amor y armonía en nuestras relaciones.

La Transformación a Través de la Gratitud

La gratitud es un camino hacia la transformación interior. En este capítulo, exploramos cómo la práctica constante de la gratitud puede conducir a una transformación profunda en todos los aspectos de nuestra vida. Aprendemos a reconocer cómo la gratitud nos empodera para abrazar la vida con amor y aceptación.

A través de ejercicios de gratitud y prácticas de apreciación, comenzamos a experimentar la transformación que ocurre cuando vemos la vida a través de los ojos del agradecimiento. A medida que abrazamos la transformación a través de la gratitud, nos damos cuenta de que estamos creando una vida llena de significado y amor.

Conclusión:

A medida que concluimos este capítulo, recordemos que la gratitud es una puerta hacia la magia de la vida. Al cultivar la gratitud en todos los aspectos de nuestra existencia, estamos abriendo nuestros corazones a la belleza y la abundancia que nos rodean. Hemos explorado cómo la gratitud puede transformar nuestra perspectiva, fortalecer nuestras relaciones y mejorar nuestra salud emocional y mental.

En este capítulo, hemos reconocido que la gratitud es un regalo que podemos dar a nosotros mismos y a los demás. Al adoptar la práctica de la gratitud, nos damos cuenta de que estamos creando una vida llena de significado y propósito. Al abrir nuestros corazones a la magia de la gratitud, nos convertimos en co-creadores de una realidad enriquecida por el amor y la apreciación.

Capítulo 17: Desafiando el Status Quo: Atreviéndote a Pensar Diferente

La comodidad y la conformidad pueden ser nuestras mayores limitaciones. En el capítulo titulado "Desafiando el Status Quo: Atreviéndote a Pensar Diferente", nos sumergimos en la importancia de cuestionar las normas establecidas y explorar nuevas perspectivas. A través de este capítulo, exploramos cómo atreverse a pensar diferente puede abrirnos a un mundo de posibilidades y crecimiento personal.

El Llamado a la Diferencia

La sociedad a menudo nos impulsa a encajar en ciertos moldes y seguir patrones establecidos. En este capítulo, exploramos el llamado interno a ser diferentes y a desafiar el status quo. Aprendemos a reconocer que nuestras ideas únicas y perspectivas singulares tienen el poder de enriquecer nuestra vida y la de los demás.

Al comprender el valor de pensar diferente, nos abrimos a la posibilidad de crear un camino único y auténtico. A través de ejercicios de autoexploración y reflexión, comenzamos a identificar las áreas en las que deseamos cuestionar las normas establecidas y aportar nuestra propia voz y visión.

Rompiendo Barreras Mentales

Desafiar el status quo a menudo implica romper barreras mentales que nos limitan. En este capítulo, exploramos cómo nuestras creencias arraigadas y nuestros prejuicios pueden impedirnos ver más allá de lo convencional. Aprendemos a reconocer que nuestras propias limitaciones mentales pueden ser las mayores barreras para nuestro crecimiento.

A través de ejercicios de desafío de creencias y técnicas de cambio de perspectiva, comenzamos a liberarnos de las limitaciones autoimpuestas y a expandir nuestro pensamiento. A medida que rompemos barreras mentales, nos damos cuenta de que estamos abriendo espacio para nuevas ideas y posibilidades en nuestras vidas.

La Innovación a Través de la Disrupción

La historia está llena de ejemplos de personas que desafiaron el status quo y cambiaron el curso de la humanidad. En este capítulo, exploramos cómo la innovación a menudo surge de la disrupción de las normas existentes. Aprendemos a reconocer que atreverse a pensar diferente puede ser el catalizador de cambios significativos en nuestras vidas y en el mundo.

A través de ejercicios de exploración creativa y análisis de casos de estudio, comenzamos a comprender cómo la disrupción puede conducir a nuevas soluciones y oportunidades. A medida que abrazamos la innovación a través de la disrupción, nos damos cuenta de que estamos contribuyendo a la evolución constante de nuestras vidas y de la sociedad.

El Coraje de Desafiar Expectativas

Desafiar el status quo requiere coraje y valentía. En este capítulo, exploramos cómo podemos cultivar la fuerza interna necesaria para desafiar las expectativas y seguir nuestro propio camino. Aprendemos a reconocer que el coraje de ser diferentes nos empodera para vivir una vida auténtica y significativa.

A través de ejercicios de fortalecimiento de la confianza y prácticas de autocuidado, comenzamos a construir la resiliencia emocional necesaria para enfrentar la resistencia externa y las dudas internas. A medida que cultivamos el coraje de desafiar expectativas, nos damos cuenta de que estamos abriendo la puerta a nuevas oportunidades y a una autenticidad sin límites.

La Transformación a Través de la Singularidad

Atreverse a pensar diferente es un camino hacia la transformación personal. En este capítulo, exploramos cómo la singularidad de nuestras ideas y perspectivas puede conducir a una transformación profunda en nuestra vida. Aprendemos a reconocer cómo nuestras diferencias pueden ser el motor de nuestro crecimiento y evolución.

A través de ejercicios de autenticidad y prácticas de expresión creativa, comenzamos a experimentar cómo nuestra singularidad puede transformar nuestra relación con nosotros mismos y con el mundo que nos rodea. A medida que abrazamos la transformación a través de la singularidad, nos damos cuenta de que estamos viviendo una vida auténtica y alineada con nuestra esencia más profunda.

El Poder de Inspirar a los Demás

Desafiar el status quo no solo impacta nuestra propia vida, sino que también puede inspirar a los demás a seguir su propio camino único. En este capítulo, exploramos cómo nuestro ejemplo de pensar diferente puede influir en aquellos que nos rodean. Aprendemos a reconocer que nuestras acciones pueden ser un faro de luz para quienes buscan una manera diferente de vivir y pensar.

A través de ejercicios de impacto positivo y prácticas de empatía, comenzamos a comprender cómo nuestras elecciones pueden inspirar a otros a atreverse a pensar fuera de lo convencional. A medida que reconocemos el poder de inspirar a los demás, nos damos cuenta de que estamos contribuyendo a un cambio colectivo y a la construcción de una sociedad más diversa y creativa.

Conclusión:

A medida que concluimos este capítulo, recordemos que atreverse a pensar diferente es un acto de revolución personal. Al desafiar el status quo y seguir nuestro propio camino, estamos reclamando nuestra voz y nuestro poder para crear una vida auténtica y significativa. Hemos explorado cómo romper barreras mentales, cultivar el coraje y abrazar nuestra singularidad nos empodera para vivir de acuerdo con nuestras propias convicciones.

En este capítulo, hemos reconocido que cada uno de nosotros tiene el potencial de ser un agente de cambio y de inspiración. Al atrevernos a pensar diferente, estamos contribuyendo a un mundo más creativo, inclusivo y en constante evolución. Al abrazar nuestro camino y nuestra voz, nos convertimos en los líderes de nuestra propia revolución personal, construyendo un futuro basado en la autenticidad y el valor de ser diferentes.

Capítulo 18: Navegando por la Incertidumbre: Herramientas para la Adaptación

La incertidumbre es una constante en la vida, y aprender a navegar por ella es esencial para nuestro bienestar y crecimiento. En el capítulo titulado "Navegando por la Incertidumbre: Herramientas para la Adaptación", exploramos cómo podemos enfrentar los desafíos del cambio y la incertidumbre con resiliencia y fortaleza emocional. A través de este capítulo, descubrimos herramientas valiosas que nos permitirán adaptarnos y crecer incluso en los momentos más turbulentos.

El Desafío de la Incertidumbre

La incertidumbre puede ser desconcertante y desestabilizadora. En este capítulo, exploramos los desafíos que enfrentamos cuando nos encontramos en situaciones inciertas y cómo estas situaciones pueden afectar nuestro bienestar emocional y mental. Aprendemos a reconocer que, si bien no podemos controlar todo lo que sucede en la vida, podemos controlar nuestra respuesta ante la incertidumbre.

Al comprender el impacto de la incertidumbre, nos abrimos a la posibilidad de desarrollar herramientas para enfrentarla con resiliencia y adaptabilidad. A través de ejercicios de autoconciencia y reflexión, comenzamos a explorar cómo la incertidumbre nos afecta personalmente y cómo podemos construir una base emocional sólida para navegar por ella.

La Resiliencia como Pilar Fundamental

La resiliencia es una habilidad fundamental cuando se trata de enfrentar la incertidumbre. En este capítulo, exploramos cómo podemos cultivar y fortalecer nuestra resiliencia emocional y mental para enfrentar los desafíos del cambio. Aprendemos a reconocer que la resiliencia nos permite recuperarnos de las adversidades y seguir adelante con más fuerza.

A través de ejercicios de construcción de resiliencia y técnicas de manejo del estrés, comenzamos a desarrollar una mentalidad de resiliencia que nos permite enfrentar la incertidumbre con confianza. A medida que adoptamos la resiliencia como un pilar fundamental, nos damos cuenta de que estamos construyendo una base sólida para enfrentar cualquier desafío que la vida nos presente.

La Importancia de la Flexibilidad Mental

La flexibilidad mental es esencial cuando nos enfrentamos a situaciones inciertas. En este capítulo, exploramos cómo podemos entrenar nuestra mente para ser más adaptable y abierta al cambio. Aprendemos a reconocer que la rigidez mental puede ser un obstáculo para la adaptación y que la flexibilidad nos permite ver oportunidades donde otros ven obstáculos.

A través de ejercicios de cambio de perspectiva y técnicas de pensamiento lateral, comenzamos a desarrollar la habilidad de encontrar soluciones creativas y alternativas en momentos de incertidumbre. A medida que priorizamos la flexibilidad mental, nos damos cuenta de que estamos abriendo la puerta a nuevas posibilidades y a una mayor adaptabilidad en nuestra vida.

Afrontando el Cambio con Compasión

Cuando enfrentamos la incertidumbre, es importante tratarnos a nosotros mismos con compasión y cuidado. En este capítulo, exploramos cómo podemos cultivar la autorcompasión como una herramienta para enfrentar los desafíos del cambio. Aprendemos a reconocer que la autorcompasión nos permite ser amables con nosotros mismos en momentos de dificultad.

A través de ejercicios de práctica de la autorcompasión y técnicas de autocuidado, comenzamos a construir una relación más saludable y compasiva con nosotros mismos. A medida que afrontamos el cambio con compasión, nos damos cuenta de que estamos fortaleciendo nuestra resiliencia emocional y construyendo una base sólida para navegar por la incertidumbre.

La Gestión Emocional en Tiempos de Incertidumbre

Las emociones pueden ser intensas durante los tiempos de incertidumbre. En este capítulo, exploramos cómo podemos gestionar nuestras emociones de manera efectiva para mantener nuestra estabilidad emocional. Aprendemos a reconocer la importancia de la autoexpresión emocional y cómo podemos canalizar nuestras emociones de manera saludable.

A través de ejercicios de autoexploración emocional y técnicas de manejo de emociones, comenzamos a construir una relación más consciente y saludable con nuestras emociones. A medida que practicamos la gestión emocional en tiempos de incertidumbre, nos damos cuenta de que estamos construyendo una base sólida para enfrentar los desafíos con calma y equilibrio.

La Transformación a Través de la Adaptación

Enfrentar la incertidumbre y adaptarnos a los cambios es un camino hacia la transformación personal. En este capítulo, exploramos cómo la adaptación nos permite crecer y evolucionar incluso en medio de la incertidumbre. Aprendemos a reconocer que, a medida que nos adaptamos, estamos construyendo una mayor capacidad de resiliencia y flexibilidad.

A través de ejercicios de aceptación y prácticas de adaptación, comenzamos a experimentar cómo la transformación se despliega cuando abrazamos los desafíos y nos adaptamos a nuevas circunstancias. A medida que nos transformamos a través de la adaptación, nos damos cuenta de que estamos construyendo una vida en la que somos capaces de enfrentar cualquier cambio con valentía y determinación.

Conclusión:

A medida que concluimos este capítulo, recordemos que la incertidumbre es una maestra de vida que nos invita a crecer y evolucionar. Al enfrentar los desafíos del cambio y la incertidumbre con resiliencia y adaptabilidad, estamos construyendo una base sólida para enfrentar cualquier situación que la vida nos presente. Hemos explorado cómo la resiliencia, la flexibilidad mental, la compasión y la gestión emocional son herramientas valiosas para navegar por la incertidumbre.

En este capítulo, hemos reconocido que la adaptación es un camino hacia la transformación interior. Al abrazar los momentos de incertidumbre como oportunidades para crecer, nos damos cuenta de que estamos construyendo una vida en la que somos capaces de enfrentar cualquier desafío con coraje y confianza. Al navegar por la incertidumbre con herramientas poderosas, nos convertimos en navegantes valientes de nuestra propia historia de vida.

Capítulo 19: El Poder de Decir "No": Estableciendo Límites para tu Bienestar

Decir "no" es un acto de autenticidad y amor propio. En el capítulo titulado "El Poder de Decir 'No': Estableciendo Límites para tu Bienestar", exploramos cómo establecer límites saludables nos empodera para cuidar de nosotros mismos y mantener nuestro bienestar emocional y mental. A través de este capítulo, descubrimos cómo decir "no" puede ser una herramienta transformadora para construir una vida alineada con nuestras necesidades y valores.

El Desafío de Establecer Límites

En un mundo lleno de demandas y expectativas, establecer límites puede ser un desafío. En este capítulo, exploramos cómo la falta de límites puede afectar nuestro bienestar emocional y mental. Aprendemos a reconocer que decir "sí" cuando queremos decir "no" puede agotarnos y alejarnos de nuestra autenticidad.

Al comprender el impacto de no establecer límites, nos abrimos a la posibilidad de crear una vida más equilibrada y auténtica al aprender a decir "no" cuando sea necesario. A través de ejercicios de autoevaluación y reflexión, comenzamos a explorar dónde y cuándo necesitamos establecer límites para nuestro propio bienestar.

Los Beneficios de Establecer Límites Saludables

Establecer límites saludables es esencial para nuestra salud emocional y mental. En este capítulo, exploramos cómo establecer límites puede beneficiarnos al reducir el estrés, mejorar nuestra autoestima y fortalecer nuestras relaciones. Aprendemos a reconocer que al decir "no" de manera consciente, estamos protegiendo nuestra energía y nuestro equilibrio emocional.

A través de ejercicios de identificación de beneficios y análisis de casos de estudio, comenzamos a comprender cómo establecer límites puede impactar positivamente todos los aspectos de nuestra vida. A medida que priorizamos los beneficios de establecer límites saludables, nos damos cuenta de que estamos construyendo una base sólida para nuestro bienestar y empoderamiento personal.

La Importancia de la Autoconciencia

Establecer límites requiere una profunda autoconciencia. En este capítulo, exploramos cómo la autoconciencia nos permite identificar nuestras necesidades y deseos auténticos. Aprendemos a reconocer que solo cuando estamos conectados con nosotros mismos podemos establecer límites que sean verdaderamente beneficiosos.

A través de ejercicios de autoexploración y técnicas de mindfulness, comenzamos a desarrollar una mayor conexión con nuestras emociones y deseos internos. A medida que cultivamos la autoconciencia, nos damos cuenta de que estamos construyendo una base sólida para tomar decisiones conscientes y alineadas con nuestras necesidades.

El Valor del Autorespeto y la Autoestima

Decir "no" es un acto de autorespeto y autoestima. En este capítulo, exploramos cómo establecer límites nos permite honrar nuestras propias necesidades y prioridades. Aprendemos a reconocer que el respeto por nosotros mismos es esencial para mantener una relación saludable con nosotros mismos y con los demás.

A través de ejercicios de afirmaciones positivas y técnicas de amor propio, comenzamos a fortalecer nuestra autoestima y a reconocer nuestro propio valor. A medida que valoramos el autorespeto y la autoestima, nos damos cuenta de que estamos construyendo una base sólida para establecer límites que nos beneficien y nos empoderen.

La Comunicación Efectiva al Establecer Límites

La comunicación efectiva es clave al establecer límites. En este capítulo, exploramos cómo podemos comunicar nuestras necesidades y límites de manera clara y respetuosa. Aprendemos a reconocer que la comunicación abierta y sincera nos permite establecer límites de manera efectiva sin causar conflicto.

A través de ejercicios de comunicación asertiva y técnicas de expresión clara, comenzamos a desarrollar habilidades para comunicar nuestros límites de manera positiva y constructiva. A medida que priorizamos la comunicación efectiva, nos damos cuenta de que estamos construyendo relaciones basadas en la honestidad y el respeto mutuo.

El Desafío de Superar la Culpa y el Miedo

Establecer límites a menudo implica superar la culpa y el miedo al rechazo. En este capítulo, exploramos cómo podemos enfrentar estos desafíos y abrazar nuestro derecho a decir "no". Aprendemos a reconocer que poner límites no es egoísta, sino una muestra de amor propio y cuidado.

A través de ejercicios de liberación de la culpa y técnicas de afrontamiento del miedo, comenzamos a superar las barreras emocionales que nos impiden establecer límites saludables. A medida que enfrentamos la culpa y el miedo, nos damos cuenta de que estamos construyendo una base sólida para vivir una vida auténtica y alineada con nuestras necesidades.

La Transformación a Través del Empoderamiento

Establecer límites es un camino hacia el empoderamiento personal. En este capítulo, exploramos cómo el acto de decir "no" nos empodera para tomar el control de nuestra vida y construir una realidad que refleje nuestros valores y deseos. Aprendemos a reconocer que establecer límites es un acto de amor propio y una forma de honrar nuestra autenticidad.

A través de ejercicios de empoderamiento y prácticas de autocuidado, comenzamos a experimentar cómo la transformación se despliega cuando nos permitimos establecer límites que nos beneficien. A medida que nos transformamos a través del empoderamiento, nos damos cuenta de que estamos construyendo una vida en la que somos los creadores de nuestras propias experiencias.

Conclusión:

A medida que concluimos este capítulo, recordemos que establecer límites es un acto de amor propio y empoderamiento. Al decir "no" cuando es necesario y establecer límites saludables, estamos construyendo un espacio en el que podemos cuidar de nosotros mismos y vivir una vida alineada con nuestras necesidades y valores. Hemos explorado cómo la autoconciencia, el autorespeto y la comunicación efectiva son herramientas poderosas para establecer límites que nos beneficien.

En este capítulo, hemos reconocido que establecer límites nos permite construir relaciones más auténticas y equilibradas con nosotros mismos y con los demás. Al abrazar el poder de decir "no", nos damos cuenta de que estamos construyendo una vida en la que somos dueños de nuestro espacio y nuestro bienestar. Al establecer límites para nuestro propio bienestar, estamos honrando nuestra voz y creando una realidad que refleje nuestro amor propio y cuidado.

Capítulo 20: Abriendo Caminos: Explorando Nuevas Oportunidades

La vida está llena de oportunidades esperando a ser descubiertas. En el capítulo titulado "Abriendo Caminos: Explorando Nuevas Oportunidades", nos sumergimos en el emocionante mundo de la exploración y el descubrimiento. A través de este capítulo, exploramos cómo estar abiertos a nuevas experiencias y aventuras puede enriquecer nuestra vida y llevarnos a un crecimiento y realización personal profundos.

La Aventura de lo Desconocido

La exploración es una aventura en sí misma. En este capítulo, exploramos cómo enfrentar lo desconocido nos desafía y enriquece. Aprendemos a reconocer que cada nueva oportunidad es una puerta abierta a la aventura y al crecimiento personal. Al abrazar la aventura de lo desconocido, comenzamos a abrirnos a un mundo de posibilidades emocionantes.

Al comprender el valor de la exploración, nos damos cuenta de que estamos construyendo una mentalidad abierta y curiosa que nos permite abrazar nuevas experiencias con entusiasmo. A través de ejercicios de mentalidad exploradora y técnicas de apertura a lo nuevo, comenzamos a cultivar una actitud que nos empodera para buscar y aprovechar las oportunidades que se presentan en nuestra vida.

Rompiendo Barreras del Miedo

El miedo al cambio y lo desconocido puede ser un obstáculo para explorar nuevas oportunidades. En este capítulo, exploramos cómo podemos superar las barreras del miedo y la inseguridad. Aprendemos a reconocer que el miedo es una emoción natural, pero que no debe limitarnos en nuestra búsqueda de nuevas experiencias.

A través de ejercicios de afrontamiento del miedo y técnicas de autodescubrimiento, comenzamos a liberarnos de las cadenas que nos impiden explorar. A medida que rompemos barreras del miedo, nos damos cuenta de que estamos construyendo una base sólida para enfrentar el cambio con valentía y anticipar con emoción las oportunidades que nos aguardan.

El Poder de la Curiosidad

La curiosidad es un motor para la exploración. En este capítulo, exploramos cómo cultivar y nutrir nuestra curiosidad nos lleva a nuevas experiencias y aprendizajes. Aprendemos a reconocer que la curiosidad nos permite descubrir aspectos nuevos y emocionantes en nuestro entorno y en nosotros mismos.

A través de ejercicios de estimulación de la curiosidad y técnicas de observación consciente, comenzamos a desarrollar la capacidad de ver el mundo con ojos frescos y curiosos. A medida que priorizamos la curiosidad, nos damos cuenta de que estamos construyendo una mentalidad que valora el descubrimiento y la exploración constante.

El Crecimiento a Través de la Experiencia

Cada nueva oportunidad nos ofrece la posibilidad de crecer y aprender. En este capítulo, exploramos cómo la experiencia es un camino hacia la expansión personal y el conocimiento profundo. Aprendemos a reconocer que incluso en las situaciones desafiantes, hay lecciones valiosas esperando ser descubiertas.

A través de ejercicios de reflexión sobre la experiencia y técnicas de aprendizaje activo, comenzamos a abrazar cada oportunidad como una oportunidad de crecimiento y evolución. A medida que priorizamos el crecimiento a través de la experiencia, nos damos cuenta de que estamos construyendo una vida en la que cada paso nos lleva más cerca de nuestra realización personal.

La Creatividad como Motor de Exploración

La creatividad nos guía en la búsqueda de nuevas oportunidades. En este capítulo, exploramos cómo la creatividad nos permite ver soluciones únicas y encontrar caminos no convencionales. Aprendemos a reconocer que la creatividad nos empodera para abordar desafíos con una mente abierta y flexible.

A través de ejercicios de estimulación de la creatividad y técnicas de pensamiento lateral, comenzamos a desarrollar nuestra habilidad para encontrar nuevas perspectivas y enfoques innovadores en todas las áreas de nuestra vida. A medida que priorizamos la creatividad, nos damos cuenta de que estamos construyendo una mentalidad que valora la exploración y la búsqueda de soluciones creativas en cualquier situación.

El Camino hacia la Autorrealización

La exploración de nuevas oportunidades nos acerca a la autorrealización. En este capítulo, exploramos cómo cada paso que damos en la búsqueda de nuevas experiencias nos acerca a una vida más auténtica y significativa. Aprendemos a reconocer que la exploración nos permite descubrir más sobre nosotros mismos y nuestras pasiones.

A través de ejercicios de autoexploración y técnicas de conexión interna, comenzamos a vivir una vida más alineada con nuestras verdaderas aspiraciones y deseos. A medida que avanzamos en el camino hacia la autorrealización, nos damos cuenta de que estamos construyendo una vida en la que cada oportunidad se convierte en un peldaño en nuestra escalera hacia la plenitud personal.

Conclusión:

A medida que concluimos este capítulo, recordemos que la exploración de nuevas oportunidades es una aventura que enriquece nuestra vida y nos lleva al crecimiento personal. Al abrazar lo desconocido, superar el miedo y cultivar la curiosidad, estamos construyendo una vida llena de posibilidades emocionantes. Hemos explorado cómo la experiencia, la creatividad y la búsqueda de la autorrealización son elementos esenciales en el camino de explorar nuevas oportunidades.

En este capítulo, hemos reconocido que cada oportunidad que abrazamos es una parte del legado que dejamos en el mundo. Al abrir nuevos caminos, estamos construyendo una historia de vida única y significativa que refleja nuestro espíritu de aventura y nuestra valentía para enfrentar lo desconocido. Al explorar nuevas oportunidades, estamos descubriendo más sobre nosotros mismos y construyendo una vida que refleja nuestra autenticidad y pasión.

Capítulo 21: La Transformación Financiera: Creando Abundancia en tu Vida

El dinero desempeña un papel fundamental en nuestras vidas, pero la verdadera riqueza va más allá de los números en una cuenta bancaria. En el capítulo titulado "La Transformación Financiera: Creando Abundancia en tu Vida", exploramos cómo nuestra relación con el dinero puede impactar nuestra sensación de bienestar y cómo podemos cultivar una mentalidad de abundancia que trascienda lo material.

Reevaluando Nuestra Relación con el Dinero

Nuestra relación con el dinero puede ser compleja y cargada emocionalmente. En este capítulo, exploramos cómo nuestras creencias y experiencias pasadas pueden influir en nuestra relación con las finanzas. Aprendemos a reconocer que nuestras actitudes hacia el dinero pueden afectar nuestra confianza y autoestima.

Al comprender la importancia de reevaluar nuestra relación con el dinero, nos abrimos a la posibilidad de construir una relación más saludable y consciente con nuestras finanzas. A través de ejercicios de reflexión y autoexploración, comenzamos a identificar patrones y creencias que pueden estar limitando nuestra capacidad de crear abundancia en nuestras vidas.

Cambiando la Mentalidad de Escasez a Abundancia

La mentalidad que adoptamos hacia el dinero puede determinar nuestra realidad financiera. En este capítulo, exploramos cómo podemos cambiar una mentalidad de escasez a una mentalidad de abundancia. Aprendemos a reconocer que la abundancia no se trata solo de acumular riqueza material, sino de sentirnos completos y agradecidos con lo que tenemos.

A través de ejercicios de cambio de mentalidad y técnicas de visualización positiva, comenzamos a desarrollar una mentalidad que valora y agradece lo que ya poseemos. A medida que cambiamos nuestra perspectiva de escasez a abundancia, nos damos cuenta de que estamos construyendo un camino hacia la creación de una vida plena y rica en todos los sentidos.

La Importancia de la Educación Financiera

La educación financiera es esencial para tomar decisiones informadas y empoderadas en relación con el dinero. En este capítulo, exploramos cómo podemos adquirir conocimientos y habilidades financieras para tomar el control de nuestras finanzas. Aprendemos a reconocer que la educación financiera nos permite tomar decisiones conscientes y planificadas para nuestro futuro.

A través de ejercicios de adquisición de conocimientos y técnicas de gestión financiera, comenzamos a desarrollar la capacidad de tomar decisiones informadas sobre ahorro, inversión y gastos. A medida que priorizamos la educación financiera, nos damos cuenta de que estamos construyendo una base sólida para crear un futuro financiero seguro y próspero.

La Generosidad como Fuente de Abundancia

La generosidad es una poderosa fuente de abundancia en nuestras vidas. En este capítulo, exploramos cómo dar y compartir puede enriquecer nuestra experiencia financiera y emocional. Aprendemos a reconocer que, al practicar la generosidad, estamos creando un flujo de energía positiva que se traduce en más bendiciones en nuestras vidas.

A través de ejercicios de generosidad y técnicas de servicio a los demás, comenzamos a experimentar cómo dar puede generar una sensación de plenitud y satisfacción. A medida que practicamos la generosidad, nos damos cuenta de que estamos construyendo una relación más armoniosa con el dinero y contribuyendo a la creación de una sociedad más compasiva y conectada.

La Importancia de Definir Metas Financieras

Definir metas financieras claras es esencial para alcanzar la abundancia. En este capítulo, exploramos cómo establecer objetivos financieros nos permite dirigir nuestra energía y recursos hacia lo que realmente importa. Aprendemos a reconocer que las metas financieras nos proporcionan un sentido de propósito y dirección en nuestras acciones financieras.

A través de ejercicios de establecimiento de metas y técnicas de planificación financiera, comenzamos a trazar un camino hacia nuestras aspiraciones financieras. A medida que definimos metas claras, nos damos cuenta de que estamos construyendo un puente entre nuestros sueños y la realidad, y estamos tomando medidas concretas hacia una vida más próspera y gratificante.

La Gratitud como Práctica de Abundancia

La gratitud es una práctica poderosa que puede transformar nuestra relación con el dinero. En este capítulo, exploramos cómo practicar la gratitud nos ayuda a reconocer y valorar lo que ya tenemos en nuestras vidas. Aprendemos a reconocer que, al enfocarnos en lo positivo, creamos un entorno propicio para atraer más cosas buenas.

A través de ejercicios de gratitud y técnicas de aprecio por lo que tenemos, comenzamos a experimentar cómo el acto de agradecer nos permite ver la riqueza presente en nuestras vidas. A medida que priorizamos la gratitud, nos damos cuenta de que estamos construyendo una base sólida para atraer más bendiciones y oportunidades financieras a nuestras vidas.

La Transformación Financiera como Camino hacia la Plenitud

La transformación financiera es un camino hacia la plenitud en todas las áreas de nuestra vida. En este capítulo, exploramos cómo el proceso de crear abundancia en nuestras vidas nos permite experimentar una sensación de realización y bienestar. Aprendemos a reconocer que la transformación financiera es un viaje interno que nos lleva a una mayor autoconciencia y empoderamiento.

A través de ejercicios de transformación financiera y técnicas de alineación con nuestros valores, comenzamos a vivir una vida en la que nuestras decisiones financieras reflejan nuestra autenticidad y aspiraciones más profundas. A medida que nos transformamos a través de la creación de abundancia, nos damos cuenta de que estamos construyendo una vida en la que nos sentimos completos y en armonía con nosotros mismos y el mundo que nos rodea.

Conclusión:

Al concluir este capítulo, recordemos que la transformación financiera va más allá de los aspectos materiales de la vida. Al cultivar una mentalidad de abundancia, practicar la generosidad, definir metas claras y practicar la gratitud, estamos construyendo una vida en la que la verdadera riqueza reside en nuestro corazón y en nuestra conexión con el mundo que nos rodea. La abundancia es un estado de ser que podemos crear en cada momento, y al hacerlo, construimos una vida llena de significado, realización y plenitud.

Capítulo 22: Descubre tu Voz Interior: Expresión Auténtica y Asertiva

Nuestra voz interior es el reflejo de nuestra autenticidad y verdad más profunda. En el capítulo titulado "Descubre tu Voz Interior: Expresión Auténtica y Asertiva", nos adentramos en el poder de encontrar y expresar nuestra voz única en el mundo. A través de este capítulo, exploramos cómo el acto de hablar desde el corazón nos empodera para vivir una vida auténtica y significativa.

Explorando la Autenticidad en la Expresión

La expresión auténtica es una manifestación de nuestro ser verdadero. En este capítulo, exploramos cómo conectarnos con nuestra autenticidad nos permite comunicarnos de manera genuina y congruente con nuestros valores y deseos. Aprendemos a reconocer que expresarnos auténticamente es un acto de amor propio y respeto hacia nosotros mismos.

Al comprender la importancia de la autenticidad en la expresión, nos abrimos a la posibilidad de construir relaciones más genuinas y significativas. A través de ejercicios de autoexploración y técnicas de conexión interna, comenzamos a descubrir las capas de nuestra verdadera voz y a liberarnos de las máscaras que podrían haber estado limitando nuestra expresión.

El Poder de la Asertividad

La asertividad es una habilidad esencial para expresarnos de manera efectiva y respetuosa. En este capítulo, exploramos cómo podemos cultivar la asertividad para comunicar nuestras necesidades y deseos de manera clara y confiada. Aprendemos a reconocer que ser asertivos nos permite establecer límites saludables y construir relaciones basadas en el respeto mutuo.

A través de ejercicios de desarrollo de la asertividad y técnicas de comunicación efectiva, comenzamos a experimentar cómo expresarnos de manera asertiva nos empodera para tomar el control de nuestras conversaciones y decisiones. A medida que priorizamos la asertividad, nos damos cuenta de que estamos construyendo una base sólida para comunicarnos con seguridad y empatía.

Venciendo el Miedo al Juicio y la Crítica

El miedo al juicio y la crítica puede ser un obstáculo para expresarnos auténticamente. En este capítulo, exploramos cómo podemos superar estos miedos y liberarnos para hablar desde el corazón. Aprendemos a reconocer que el miedo al juicio externo puede limitar nuestra expresión y autoexpresión.

A través de ejercicios de autoaceptación y técnicas de manejo del miedo, comenzamos a liberarnos de las cadenas que nos impiden ser fieles a nosotros mismos. A medida que vencemos el miedo al juicio y la crítica, nos damos cuenta de que estamos construyendo una relación más compasiva con nosotros mismos y construyendo una vida en la que nuestra voz interior tenga espacio para florecer.

La Curación a Través de la Expresión

La expresión auténtica puede ser una vía de curación profunda. En este capítulo, exploramos cómo compartir nuestras experiencias y emociones nos permite liberar cargas emocionales y sanar heridas internas. Aprendemos a reconocer que la expresión es un camino hacia la liberación y la renovación de nuestro ser.

A través de ejercicios de escritura terapéutica y técnicas de expresión creativa, comenzamos a experimentar cómo la expresión puede ser una forma poderosa de sanar y transformar nuestro interior. A medida que utilizamos la expresión como herramienta de curación, nos damos cuenta de que estamos construyendo un puente entre nuestro pasado y nuestro presente, y construyendo un camino hacia un futuro más ligero y libre.

La Vulnerabilidad como Fuerza

La vulnerabilidad es una muestra de autenticidad y coraje. En este capítulo, exploramos cómo abrirnos y compartir nuestras vulnerabilidades nos conecta con los demás de una manera profunda y significativa. Aprendemos a reconocer que ser vulnerables nos permite construir puentes de empatía y comprensión con quienes nos rodean.

A través de ejercicios de práctica de la vulnerabilidad y técnicas de conexión auténtica, comenzamos a experimentar cómo el acto de ser vulnerables nos empodera para construir relaciones más auténticas y fortalecedoras. A medida que abrazamos la vulnerabilidad como una fortaleza, nos damos cuenta de que estamos construyendo una vida en la que nuestras relaciones están impregnadas de autenticidad y honestidad.

El Impacto de tu Voz en el Mundo

Nuestra voz interior tiene el poder de impactar el mundo que nos rodea. En este capítulo, exploramos cómo nuestras palabras y acciones pueden influir en las vidas de los demás y en la comunidad en general. Aprendemos a reconocer que cada expresión auténtica es una contribución valiosa al tejido de la vida.

A través de ejercicios de reflexión sobre el impacto y técnicas de servicio a los demás, comenzamos a entender la responsabilidad que conlleva nuestra voz y a utilizarla de manera consciente y positiva. A medida que reconocemos el impacto de nuestra voz en el mundo, nos damos cuenta de que estamos construyendo una vida en la que nuestras acciones están alineadas con nuestros valores y contribuyen al bienestar de todos.

La Expresión como Viaje de Autodescubrimiento

La expresión auténtica es un viaje continuo de autodescubrimiento. En este capítulo, exploramos cómo nuestra voz interior es un reflejo de nuestra evolución personal y crecimiento. Aprendemos a reconocer que cada vez que nos expresamos, estamos explorando nuevas capas de nuestro ser y descubriendo más sobre quiénes somos.

A través de ejercicios de autoreflexión y técnicas de conexión interna, comenzamos a vivir una vida en la que cada expresión nos lleva más cerca de nuestra verdadera esencia. A medida que abrazamos la expresión como un viaje de autodescubrimiento, nos damos cuenta de que estamos construyendo una relación más profunda y significativa con nosotros mismos y con el mundo que nos rodea.

Conclusión:

Al concluir este capítulo, recordemos que nuestra voz interior es un tesoro invaluable que merece ser descubierto y compartido. Al expresarnos auténticamente y con asertividad, estamos construyendo una vida en la que nuestra verdad brilla con claridad y autenticidad. Hemos explorado cómo la expresión nos empodera para sanar, conectarnos con los demás y contribuir al mundo de una manera única. Tu voz es un regalo único que puedes ofrecer al mundo, y al hacerlo, estás dejando un legado de autenticidad, valentía y amor propio.

Capítulo 23: Embrujando tus Miedos: Enfrentando los Desafíos con Valentía

Los miedos son sombras que se interponen en nuestro camino hacia el crecimiento y la realización. En el capítulo titulado "Embrujando tus Miedos: Enfrentando los Desafíos con Valentía", nos adentramos en el poder de confrontar y superar nuestros miedos para vivir una vida plena y valiente. A través de este capítulo, exploramos cómo el coraje nos permite liberarnos de las cadenas del miedo y abrazar un camino de empoderamiento y transformación.

Identificando los Miedos que Nos Limitan

Los miedos pueden ser limitantes y paralizantes si no los enfrentamos. En este capítulo, exploramos cómo identificar los miedos que nos están reteniendo y reconociendo cómo nos afectan en diferentes aspectos de nuestras vidas. Aprendemos a reconocer que identificar los miedos es el primer paso para liberarnos de su control sobre nosotros.

Al comprender la importancia de identificar los miedos, nos abrimos a la posibilidad de confrontarlos y superarlos. A través de ejercicios de autoevaluación y técnicas de exploración emocional, comenzamos a descubrir las raíces de nuestros miedos y a tomar medidas para abordarlos con valentía.

El Poder de la Aceptación y el Perdón

Aceptar nuestros miedos es un acto de autocompasión y liberación. En este capítulo, exploramos cómo la aceptación de nuestros miedos nos permite soltar la lucha interna y encontrar la paz. Aprendemos a reconocer que el perdón, tanto a nosotros mismos como a los demás, es un paso esencial para liberarnos de las cargas emocionales que los miedos pueden generar.

A través de ejercicios de aceptación y técnicas de liberación emocional, comenzamos a experimentar cómo abrazar nuestros miedos con amor y compasión nos libera de su dominio. A medida que practicamos la aceptación y el perdón, nos damos cuenta de que estamos construyendo un espacio interior en el que podemos enfrentar los desafíos con más claridad y serenidad.

Enfrentando el Miedo al Fracaso y al Rechazo

El miedo al fracaso y al rechazo puede ser paralizante en muchos aspectos de la vida. En este capítulo, exploramos cómo podemos enfrentar estos miedos y liberarnos de su control sobre nuestras decisiones y acciones. Aprendemos a reconocer que el fracaso y el rechazo son oportunidades de aprendizaje y crecimiento, en lugar de finales definitivos.

A través de ejercicios de cambio de perspectiva y técnicas de autoafirmación, comenzamos a transformar nuestra relación con el fracaso y el rechazo. A medida que enfrentamos estos miedos con valentía, nos damos cuenta de que estamos construyendo una mentalidad resiliente y empoderada que nos permite perseverar a pesar de los obstáculos.

La Valiente Exploración de lo Desconocido

El miedo a lo desconocido puede ser un obstáculo para explorar nuevas oportunidades y horizontes. En este capítulo, exploramos cómo podemos abrazar lo desconocido con valentía y curiosidad en lugar de evitarlo. Aprendemos a reconocer que lo desconocido es una tierra de posibilidades y crecimiento que solo podemos descubrir si nos aventuramos en ella.

A través de ejercicios de valiente exploración y técnicas de enfrentamiento de lo desconocido, comenzamos a desarrollar el coraje necesario para adentrarnos en territorios inexplorados. A medida que abrazamos lo desconocido con valentía, nos damos cuenta de que estamos construyendo un camino hacia una vida enriquecedora y llena de descubrimientos.

El Coraje de Ser Auténtico

Ser auténtico requiere coraje, especialmente cuando sentimos presiones externas para encajar en moldes preestablecidos. En este capítulo, exploramos cómo el coraje de ser auténtico nos permite vivir una vida que refleja nuestra verdadera esencia. Aprendemos a reconocer que ser auténtico es un acto de amor propio y una declaración de nuestra unicidad.

A través de ejercicios de autodescubrimiento y técnicas de empoderamiento personal, comenzamos a liberarnos de las expectativas externas y a abrazar nuestra autenticidad con valentía. A medida que cultivamos el coraje de ser auténticos, nos damos cuenta de que estamos construyendo una vida en la que nuestra expresión refleja nuestra verdadera voz y pasión.

La Transformación a Través del Coraje

El coraje es un catalizador de transformación profunda en nuestras vidas. En este capítulo, exploramos cómo enfrentar nuestros miedos y desafíos con valentía nos empodera para crecer y evolucionar. Aprendemos a reconocer que cada acto de valentía nos lleva un paso más cerca de convertirnos en la versión más auténtica y empoderada de nosotros mismos.

A través de ejercicios de fortalecimiento del coraje y técnicas de superación de obstáculos, comenzamos a vivir una vida en la que enfrentamos los desafíos con una perspectiva valiente y resiliente. A medida que utilizamos el coraje como herramienta de transformación, nos damos cuenta de que estamos construyendo un camino hacia una vida más significativa y realizada.

Conclusión:

Al concluir este capítulo, recordemos que el coraje es una fuerza interior que todos poseemos. Al abrazar nuestros miedos con valentía y enfrentar los desafíos con determinación, estamos construyendo una vida en la que nos convertimos en los héroes de nuestra propia historia. Hemos explorado cómo el coraje nos empodera para sanar, crecer y transformarnos. Tu capacidad de enfrentar los desafíos con valentía es un testimonio de tu fuerza interior y resiliencia. Al abrazar una vida valiente, estás creando un camino de empoderamiento y autenticidad que inspira a otros a hacer lo mismo.

Capítulo 24: El Arte de la Autocuidado: Priorizando tu Salud Mental

La salud mental es un tesoro invaluable que merece atención y cuidado constante. En el capítulo titulado "El Arte de la Autocuidado: Priorizando tu Salud Mental", exploramos la importancia de cultivar una relación amorosa y consciente con nuestra mente y emociones. A través de este capítulo, sumergimos en el arte del autocuidado como un camino hacia el bienestar emocional y el florecimiento personal.

La Fundación del Bienestar Emocional

Nuestra salud mental es la base de nuestro bienestar emocional. En este capítulo, exploramos cómo nuestras emociones y pensamientos influyen en nuestra calidad de vida. Aprendemos a reconocer que cuidar de nuestra salud mental es un acto de amor propio que nos permite vivir una vida plena y significativa.

Al comprender la importancia del bienestar emocional, nos abrimos a la posibilidad de priorizar nuestra salud mental en todas las áreas de nuestra vida. A través de ejercicios de autoexploración y técnicas de mindfulness, comenzamos a desarrollar la capacidad de observar y comprender nuestras emociones de manera más consciente.

El Poder del Autocuidado

El autocuidado es un acto de amor y respeto hacia nosotros mismos. En este capítulo, exploramos cómo el autocuidado es una forma de nutrir nuestra mente, cuerpo y espíritu. Aprendemos a reconocer que el autocuidado no es un lujo, sino una necesidad esencial para mantener nuestro bienestar emocional.

A través de ejercicios de práctica del autocuidado y técnicas de relajación, comenzamos a experimentar cómo pequeños actos de amor hacia nosotros mismos pueden tener un impacto significativo en nuestra salud mental. A medida que priorizamos el autocuidado, nos damos cuenta de que estamos construyendo una base sólida para enfrentar los desafíos de la vida con mayor resiliencia y equilibrio.

Cultivando la Resiliencia Emocional

La resiliencia emocional es la capacidad de adaptarse y recuperarse de los desafíos emocionales. En este capítulo, exploramos cómo podemos cultivar la resiliencia emocional a través del autocuidado y la autocompasión. Aprendemos a reconocer que la resiliencia no significa evitar el dolor, sino aprender a enfrentarlo con valentía y comprensión.

A través de ejercicios de construcción de resiliencia y técnicas de manejo del estrés, comenzamos a desarrollar la capacidad de enfrentar las dificultades con mayor fortaleza mental y emocional. A medida que cultivamos la resiliencia emocional, nos damos cuenta de que estamos construyendo una base sólida para mantener nuestra salud mental incluso en momentos desafiantes.

La Importancia de Establecer Límites Saludables

Establecer límites saludables es esencial para proteger nuestra salud mental y emocional. En este capítulo, exploramos cómo podemos establecer límites claros en nuestras relaciones y actividades para evitar la sobrecarga emocional. Aprendemos a reconocer que decir "no" de manera respetuosa es un acto de autodefensa y autocompasión.

A través de ejercicios de establecimiento de límites y técnicas de comunicación efectiva, comenzamos a experimentar cómo establecer límites saludables nos permite cuidar de nuestra energía emocional y mantener un equilibrio saludable en nuestras vidas. A medida que establecemos límites, nos damos cuenta de que estamos construyendo una relación más saludable y armoniosa con nosotros mismos y con los demás.

La Importancia de la Autocompasión

La autocompasión es el acto de tratarnos a nosotros mismos con amabilidad y comprensión, especialmente en momentos difíciles. En este capítulo, exploramos cómo la autocompasión nos permite navegar por nuestras emociones con aceptación y amor. Aprendemos a reconocer que, al practicar la autocompasión, nos damos permiso para ser humanos y experimentar una amplia gama de emociones.

A través de ejercicios de autocompasión y técnicas de amor propio, comenzamos a desarrollar una relación más amable y compasiva con nosotros mismos. A medida que priorizamos la autocompasión, nos damos cuenta de que estamos construyendo una base sólida para enfrentar los desafíos de la vida con una actitud más gentil y resiliente.

El Papel de las Relaciones en la Salud Mental

Las relaciones significativas pueden tener un impacto profundo en nuestra salud mental. En este capítulo, exploramos cómo construir y mantener relaciones saludables puede ser una fuente de apoyo emocional y bienestar. Aprendemos a reconocer la importancia de la comunicación abierta, la empatía y el apoyo mutuo en nuestras conexiones con los demás.

A través de ejercicios de fortalecimiento de relaciones y técnicas de comunicación efectiva, comenzamos a cultivar vínculos más profundos y significativos. A medida que priorizamos las relaciones saludables, nos damos cuenta de que estamos construyendo una red de apoyo emocional que contribuye a nuestra salud mental y nos ayuda a enfrentar los desafíos con mayor confianza.

El Poder de la Gratitud y el Mindfulness

La gratitud y el mindfulness son herramientas poderosas para mantener nuestra salud mental. En este capítulo, exploramos cómo la práctica regular de la gratitud y el mindfulness nos permite enfocarnos en el presente y apreciar las bendiciones que nos rodean. Aprendemos a reconocer que cultivar la gratitud y el mindfulness nos ayuda a mantener una perspectiva positiva y a reducir el estrés.

A través de ejercicios de práctica de gratitud y técnicas de mindfulness, comenzamos a experimentar cómo estas prácticas simples pueden tener un impacto profundo en nuestra salud mental. A medida que cultivamos la gratitud y el mindfulness, nos damos cuenta de que estamos construyendo un camino hacia una mente más tranquila y una vida más plena.

La Búsqueda de Ayuda Profesional

Buscar ayuda profesional es un acto valiente y sabio cuando enfrentamos desafíos emocionales más intensos. En este capítulo, exploramos cómo la terapia y el asesoramiento pueden ser recursos poderosos para abordar problemas de salud mental. Aprendemos a reconocer que buscar ayuda no es una señal de debilidad, sino un paso en dirección a nuestro bienestar.

A través de ejercicios de reflexión y técnicas de búsqueda de ayuda, comenzamos a comprender la importancia de buscar apoyo externo cuando sea necesario. A medida que buscamos ayuda profesional, nos damos cuenta de que estamos tomando medidas activas para cuidar de nuestra salud mental y emocional, construyendo un camino hacia la sanación y el crecimiento.

Conclusión:

Al concluir este capítulo, recordemos que priorizar nuestra salud mental es un acto de amor propio y empoderamiento. Al explorar el arte del autocuidado, estamos construyendo un camino hacia una mente más tranquila, una mayor resiliencia emocional y una vida más plena. Hemos explorado cómo la salud mental impacta todas las áreas de nuestras vidas y cómo el autocuidado es una herramienta esencial para nutrir nuestra mente y emociones. Tu bienestar emocional es un regalo invaluable que mereces cuidar y proteger. Al abrazar el arte del autocuidado, estás construyendo una vida en la que la paz interior y la felicidad son prioridades fundamentales.

Capítulo 25: Renovando Espacios: El Entorno como Reflejo de tu Interior

Nuestro entorno físico tiene un impacto profundo en nuestra mente, emociones y bienestar en general. En el capítulo titulado "Renovando Espacios: El Entorno como Reflejo de tu Interior", exploramos cómo la transformación de nuestros espacios puede tener un efecto positivo en nuestro estado de ánimo, creatividad y calidad de vida. A través de este capítulo, nos sumergimos en el poder de crear entornos que reflejen y nutran nuestra esencia interna.

El Vínculo entre el Entorno y el Bienestar

Nuestra relación con el entorno en el que vivimos y trabajamos es más profunda de lo que a menudo reconocemos. En este capítulo, exploramos cómo la estética y funcionalidad de nuestros espacios pueden influir en nuestro estado emocional y mental. Aprendemos a reconocer que crear un entorno armonioso es una forma de autocuidado que contribuye a nuestro bienestar general.

Al comprender la conexión entre el entorno y el bienestar, nos abrimos a la posibilidad de transformar nuestros espacios en santuarios de paz y creatividad. A través de ejercicios de reflexión y técnicas de observación consciente, comenzamos a desarrollar una mayor conciencia de cómo nuestros espacios afectan nuestras emociones y cómo podemos mejorarlos para promover un mayor equilibrio y felicidad.

El Arte de Despejar el Desorden

El desorden en nuestros espacios puede reflejar desorden en nuestras mentes y emociones. En este capítulo, exploramos cómo el acto de despejar y organizar nuestros espacios puede tener un impacto profundo en nuestra claridad mental y paz interior. Aprendemos a reconocer que liberarnos del desorden es una forma de liberar espacio mental para la creatividad y la serenidad.

A través de ejercicios de despeje y técnicas de organización, comenzamos a experimentar cómo el proceso de limpieza y ordenamiento puede tener un efecto liberador en nuestra mente y emociones. A medida que despejamos el desorden, nos damos cuenta de que estamos creando un espacio propicio para el crecimiento personal y la transformación.

La Importancia de la Inspiración Visual

Nuestro entorno visual puede inspirar nuestra creatividad y energía positiva. En este capítulo, exploramos cómo podemos incorporar elementos visuales que nos inspiren y nutran nuestra alma. Aprendemos a reconocer que rodearnos de arte, colores y objetos que amamos puede elevar nuestro estado de ánimo y fomentar la expresión creativa.

A través de ejercicios de diseño personal y técnicas de selección de elementos inspiradores, comenzamos a crear espacios que reflejen nuestra estética única y que nos llenen de alegría. A medida que incorporamos la inspiración visual en nuestros espacios, nos damos cuenta de que estamos cultivando un ambiente en el que la creatividad y la positividad pueden florecer.

El Poder de la Intención en el Diseño

El diseño consciente de nuestros espacios puede dar forma a nuestras experiencias diarias. En este capítulo, exploramos cómo podemos infundir intención en el diseño de nuestros espacios para crear un ambiente que refleje nuestros objetivos y valores. Aprendemos a reconocer que el diseño consciente es una forma de visualizar y manifestar nuestras aspiraciones.

A través de ejercicios de diseño con intención y técnicas de visualización, comenzamos a crear un entorno que nos motive y nos recuerde nuestras metas. A medida que diseñamos nuestros espacios con intención, nos damos cuenta de que estamos construyendo un ambiente que nos inspira a vivir de acuerdo con nuestros valores y sueños.

El Refugio de la Tranquilidad

Crear un rincón de tranquilidad en nuestros espacios puede ser una forma de autocuidado. En este capítulo, exploramos cómo podemos diseñar un espacio que nos brinde paz y serenidad en medio del ajetreo diario. Aprendemos a reconocer que tener un refugio de tranquilidad nos permite recargarnos y enfrentar los desafíos con mayor calma.

A través de ejercicios de diseño de un espacio de tranquilidad y técnicas de relajación, comenzamos a crear un lugar en el que podamos desconectar y rejuvenecer nuestra mente y espíritu. A medida que creamos nuestro refugio de tranquilidad, nos damos cuenta de que estamos construyendo un oasis de serenidad en medio del mundo agitado.

La Energía de los Elementos Naturales

Los elementos naturales pueden infundir nuestros espacios con una energía rejuvenecedora. En este capítulo, exploramos cómo podemos incorporar elementos como plantas, agua y luz natural en nuestros entornos para promover la armonía y la vitalidad. Aprendemos a reconocer que conectarnos con la naturaleza a través del diseño puede tener un efecto positivo en nuestro bienestar.

A través de ejercicios de integración de elementos naturales y técnicas de conexión con la naturaleza, comenzamos a experimentar cómo la presencia de elementos naturales puede elevar nuestra energía y mejorar nuestro estado de ánimo. A medida que incorporamos la energía de la naturaleza en nuestros espacios, nos damos cuenta de que estamos construyendo un ambiente que nutre nuestra alma y nos conecta con la vida en su forma más pura.

La Renovación como Metáfora de la Transformación Interior

Renovar nuestros espacios puede ser una metáfora poderosa de la transformación interna que experimentamos en nuestro viaje de autodescubrimiento. En este capítulo, exploramos cómo el proceso de renovación física puede reflejar nuestro proceso de crecimiento y evolución personal. Aprendemos a reconocer que cada cambio en nuestros espacios puede simbolizar un cambio en nuestro ser interior.

A través de ejercicios de reflexión y técnicas de diseño simbólico, comenzamos a vivir la renovación de nuestros espacios como un acto consciente de transformación interna. A medida que renovamos nuestros espacios, nos damos cuenta de que estamos construyendo una vida en la que el cambio y el crecimiento son bienvenidos y celebrados.

Conclusión:

Al concluir este capítulo, recordemos que nuestros espacios son una extensión de nosotros mismos y tienen un impacto profundo en nuestra mente, emociones y bienestar en general. Al explorar el arte de renovar espacios, estamos construyendo un ambiente que refleja y nutre nuestra esencia interna. Hemos explorado cómo el diseño consciente, la inspiración visual y la creación de espacios de tranquilidad pueden transformar nuestra experiencia diaria. Tu entorno es un lienzo en el que puedes expresar tu individualidad y fomentar tu bienestar emocional. Al renovar tus espacios, estás construyendo un refugio en el que puedes recargarte y reflejar tu crecimiento personal.

Capítulo 26: Relaciones Saludables: Construyendo Vínculos que Te Elevan

Las relaciones humanas son un pilar fundamental en nuestra vida. En el capítulo "Relaciones Saludables: Construyendo Vínculos que Te Elevan", exploramos cómo nutrir y cultivar relaciones significativas puede enriquecer nuestra vida emocional y contribuir a nuestro crecimiento personal. A través de este capítulo, nos sumergimos en el arte de construir conexiones que nos elevan y nos nutren en nuestro viaje de autodescubrimiento.

La Importancia de las Relaciones Significativas

Las relaciones significativas tienen el poder de enriquecer nuestra vida y fortalecer nuestro bienestar emocional. En este capítulo, exploramos cómo las conexiones auténticas nos brindan un sentido de pertenencia y apoyo incondicional. Aprendemos a reconocer que invertir en relaciones saludables es una inversión en nuestro propio bienestar y felicidad.

Al comprender la importancia de las relaciones significativas, abrimos nuestro corazón a la posibilidad de forjar vínculos que nos acompañen en nuestro viaje de autodescubrimiento. A través de ejercicios de reflexión y técnicas de comunicación efectiva, comenzamos a desarrollar la habilidad de construir y mantener conexiones que nos enriquezcan y nos inspiren.

Comunicación Auténtica y Empática

La comunicación es el corazón de cualquier relación. En este capítulo, exploramos cómo la comunicación auténtica y empática es clave para construir relaciones saludables y profundas. Aprendemos a reconocer la importancia de escuchar con empatía y expresarnos con autenticidad para fortalecer los lazos emocionales.

A través de ejercicios de comunicación consciente y técnicas de escucha activa, comenzamos a experimentar cómo la comunicación efectiva puede transformar nuestras interacciones. A medida que practicamos la comunicación auténtica y empática, nos damos cuenta de que estamos construyendo un espacio en el que las conexiones pueden crecer y florecer.

Estableciendo Límites y Respeto Mutuo

Establecer límites saludables es esencial para mantener relaciones equilibradas y respetuosas. En este capítulo, exploramos cómo podemos comunicar nuestras necesidades y establecer límites con amor y claridad. Aprendemos a reconocer que los límites son una forma de autocuidado que promueve el respeto mutuo y el bienestar emocional.

A través de ejercicios de establecimiento de límites y técnicas de comunicación asertiva, comenzamos a desarrollar la habilidad de mantener relaciones en las que se respeta nuestra individualidad y se fomenta el respeto. A medida que establecemos límites con amor, nos damos cuenta de que estamos construyendo conexiones en las que nos sentimos valorados y apoyados en nuestro crecimiento personal.

La Empatía como Puente de Conexión

La empatía es un puente que conecta corazones y mentes. En este capítulo, exploramos cómo practicar la empatía nos permite comprender y conectar con los demás en un nivel más profundo. Aprendemos a reconocer que cultivar la empatía es una forma de crear un ambiente de apoyo y comprensión en nuestras relaciones.

A través de ejercicios de empatía y técnicas de perspectiva compartida, comenzamos a experimentar cómo la empatía puede fortalecer nuestros lazos y abrir espacio para una comunicación más auténtica. A medida que practicamos la empatía, nos damos cuenta de que estamos construyendo relaciones en las que el entendimiento y la conexión son pilares fundamentales.

Apoyo Mutuo en el Crecimiento Personal

Las relaciones saludables nos brindan apoyo en nuestro viaje de autodescubrimiento. En este capítulo, exploramos cómo podemos ser fuentes de apoyo mutuo en el crecimiento personal de nuestros seres queridos. Aprendemos a reconocer que fomentar el crecimiento de los demás también contribuye a nuestro propio enriquecimiento emocional.

A través de ejercicios de apoyo mutuo y técnicas de aliento, comenzamos a experimentar cómo podemos ser aliados en el camino de autodescubrimiento de aquellos a quienes amamos. A medida que ofrecemos apoyo en el crecimiento personal, nos damos cuenta de que estamos construyendo relaciones en las que todos podemos florecer y alcanzar nuestro potencial más elevado.

La Importancia de la Vulnerabilidad

La vulnerabilidad es un acto de valentía que fortalece los lazos emocionales. En este capítulo, exploramos cómo compartir nuestras experiencias y emociones más auténticas nos acerca a los demás de manera significativa. Aprendemos a reconocer que la vulnerabilidad crea un espacio en el que las conexiones pueden profundizarse y fortalecerse.

A través de ejercicios de apertura emocional y técnicas de expresión sincera, comenzamos a experimentar cómo la vulnerabilidad nos permite establecer conexiones más auténticas y genuinas. A medida que practicamos la vulnerabilidad, nos damos cuenta de que estamos construyendo relaciones en las que la autenticidad y la sinceridad son valoradas y celebradas.

La Transformación de Relaciones Tóxicas

A veces, es necesario abordar relaciones que son tóxicas o destructivas. En este capítulo, exploramos cómo reconocer y transformar relaciones que nos agotan emocionalmente. Aprendemos a reconocer que poner límites y tomar decisiones saludables es esencial para nuestro bienestar y crecimiento.

A través de ejercicios de autoevaluación y técnicas de desapego amoroso, comenzamos a explorar cómo podemos sanar relaciones tóxicas y, en algunos casos, alejarnos de ellas. A medida que transformamos relaciones que nos dañan, nos damos cuenta de que estamos priorizando nuestro bienestar emocional y construyendo espacio para relaciones saludables y enriquecedoras.

Conclusión:

Al concluir este capítulo, recordemos que las relaciones saludables son esenciales para nuestro bienestar emocional y crecimiento personal. Al explorar el arte de construir vínculos que nos elevan, estamos construyendo un tejido de conexiones significativas que nos nutren en nuestro viaje de autodescubrimiento. Hemos explorado cómo la comunicación auténtica, el respeto mutuo y el apoyo en el crecimiento personal pueden enriquecer nuestras interacciones. Tu capacidad de construir relaciones saludables es un testimonio de tu valentía y dedicación a un camino de conexión y enriquecimiento emocional. Al construir vínculos que te elevan, estás tejiendo una red de amor y apoyo que enriquecerá cada aspecto de tu vida.

Capítulo 27: La Aventura del Aprendizaje: Crecimiento Constante y Curiosidad

El aprendizaje es un viaje incesante que nos brinda la oportunidad de crecer, expandir nuestros horizontes y descubrir nuevas perspectivas. En el capítulo "La Aventura del Aprendizaje: Crecimiento Constante y Curiosidad", exploramos cómo cultivar una mentalidad de aprendizaje nos permite evolucionar, superar desafíos y vivir una vida plena de significado. A través de este capítulo, nos sumergimos en el arte de abrazar la curiosidad y el crecimiento constante en nuestro viaje de autodescubrimiento.

El Poder Transformador del Aprendizaje

El aprendizaje es una fuerza transformadora que nos impulsa a salir de nuestra zona de confort y a explorar lo desconocido. En este capítulo, exploramos cómo cada experiencia de aprendizaje nos brinda la oportunidad de expandir nuestra mente y cambiar nuestra perspectiva. Aprendemos a reconocer que el aprendizaje constante es una forma de autodescubrimiento que nos lleva hacia nuestro potencial más elevado.

Al comprender el poder del aprendizaje, nos abrimos a la posibilidad de abrazar cada desafío como una oportunidad de crecimiento. A través de ejercicios de reflexión y técnicas de mentalidad de crecimiento, comenzamos a desarrollar la habilidad de convertir cada experiencia en una lección que nos acerca a nuestro verdadero ser.

La Curiosidad como Fuente de Inspiración

La curiosidad es la chispa que enciende nuestro deseo de explorar y descubrir. En este capítulo, exploramos cómo cultivar la curiosidad nos permite vivir con un sentido de asombro y apertura. Aprendemos a reconocer que mantenernos curiosos nos conecta con nuestro niño interior y nos invita a explorar las maravillas del mundo que nos rodea.

A través de ejercicios de cultivo de la curiosidad y técnicas de observación consciente, comenzamos a experimentar cómo la curiosidad puede transformar nuestra perspectiva y llenar nuestra vida de emoción y descubrimiento. A medida que nutrimos nuestra curiosidad, nos damos cuenta de que estamos construyendo un camino hacia una vida enriquecida por la búsqueda constante de conocimiento y experiencia.

La Humildad del Aprendizaje

El aprendizaje requiere humildad, ya que reconocemos que siempre hay más por descubrir y comprender. En este capítulo, exploramos cómo la humildad nos permite liberarnos del ego y estar abiertos a nuevas ideas y perspectivas. Aprendemos a reconocer que el acto de aprender nos conecta con la sabiduría de los demás y nos invita a crecer en comunidad.

A través de ejercicios de reflexión y técnicas de autodescubrimiento, comenzamos a desarrollar la humildad necesaria para abrazar nuestras limitaciones y buscar constantemente formas de mejorar. A medida que abrazamos la humildad del aprendizaje, nos damos cuenta de que estamos construyendo una vida en la que el ego queda atrás y nos abrimos a la plenitud de la experiencia humana.

La Resiliencia a Través del Aprendizaje

El aprendizaje nos fortalece y nos permite enfrentar los desafíos con mayor resiliencia. En este capítulo, exploramos cómo el proceso de aprender nos brinda las herramientas para superar obstáculos y adaptarnos a las circunstancias cambiantes. Aprendemos a reconocer que cada dificultad puede convertirse en una oportunidad para crecer y evolucionar.

A través de ejercicios de desarrollo de resiliencia y técnicas de afrontamiento, comenzamos a experimentar cómo el aprendizaje nos empodera para enfrentar incluso las situaciones más desafiantes con determinación y valentía. A medida que desarrollamos resiliencia a través del aprendizaje, nos damos cuenta de que estamos construyendo una base sólida para afrontar los altibajos de la vida con confianza y optimismo.

La Exploración de Nuevas Habilidades

Aprender nuevas habilidades nos invita a explorar nuestra creatividad y capacidad de creación. En este capítulo, exploramos cómo el acto de adquirir nuevas habilidades nos empodera y nos conecta con nuestra pasión y propósito. Aprendemos a reconocer que cada nueva habilidad que cultivamos es una expresión de nuestro potencial ilimitado.

A través de ejercicios de desarrollo de habilidades y técnicas de exploración creativa, comenzamos a experimentar cómo la exploración de nuevas áreas nos lleva a descubrir talentos ocultos y pasiones latentes. A medida que nos aventuramos en la adquisición de nuevas habilidades, nos damos cuenta de que estamos construyendo un camino en el que cada logro nos acerca más a nuestra autorrealización y autenticidad.

La Búsqueda de Conocimiento y Sabiduría

El aprendizaje nos permite sumergirnos en la búsqueda constante de conocimiento y sabiduría. En este capítulo, exploramos cómo el proceso de adquirir conocimiento nos brinda la oportunidad de entender el mundo y nuestra propia naturaleza en profundidad. Aprendemos a reconocer que cada paso en la búsqueda de conocimiento es un paso hacia la expansión de nuestra conciencia.

A través de ejercicios de búsqueda de conocimiento y técnicas de estudio profundo, comenzamos a experimentar cómo la búsqueda de sabiduría nos enriquece y nos conecta con la riqueza de la experiencia humana. A medida que nos sumergimos en la búsqueda de conocimiento, nos damos cuenta de que estamos construyendo una vida en la que el aprendizaje es un compañero constante y la sabiduría es un faro que guía nuestro camino.

El Aprendizaje como Forma de Autocuidado

El aprendizaje es una forma de autocuidado que nos nutre y enriquece. En este capítulo, exploramos cómo dedicar tiempo a aprender nos brinda la oportunidad de cuidar de nuestra mente y alma. Aprendemos a reconocer que el acto de aprender es un regalo que nos damos a nosotros mismos para mantenernos en crecimiento constante.

A través de ejercicios de planificación de aprendizaje y técnicas de incorporación del aprendizaje en la vida cotidiana, comenzamos a experimentar cómo el autocuidado a través del aprendizaje nos llena de vitalidad y entusiasmo. A medida que priorizamos el aprendizaje como una forma de autocuidado, nos damos cuenta de que estamos construyendo una vida en la que nuestro bienestar emocional y espiritual son una prioridad constante.

Conclusión:

Al concluir este capítulo, recordemos que la aventura del aprendizaje es un viaje infinito que nos brinda la oportunidad de evolucionar y descubrir nuevas dimensiones de nosotros mismos y del mundo que nos rodea. Al abrazar la curiosidad y el crecimiento constante, estamos cultivando una mentalidad que nos empodera y nos guía en nuestro viaje de autodescubrimiento. Cada experiencia de aprendizaje nos acerca más a nuestra esencia y nos invita a vivir una vida llena de significado y plenitud. En cada paso que damos en este viaje, recordemos que somos eternos estudiantes de la vida, siempre abiertos a las lecciones que nos enriquecen y nos ayudan a florecer.

Capítulo 28: Vivir con Intención: Creando Metas Significativas

Vivir con intención es un acto de empoderamiento que nos permite dar forma activa a nuestra vida y dirigir nuestra energía hacia lo que más valoramos. En el capítulo "Vivir con Intención: Creando Metas Significativas", exploramos cómo definir metas que resuenen con nuestro ser más profundo nos brinda dirección, propósito y una mayor sensación de logro. A través de este capítulo, nos sumergimos en el arte de establecer objetivos significativos que nos guíen en nuestro viaje de autodescubrimiento.

La Importancia de la Intención

La intención es el corazón de cada acción y elección que realizamos. En este capítulo, exploramos cómo vivir con intención nos permite ser conscientes de nuestras decisiones y dirigir nuestra vida hacia un propósito más elevado. Aprendemos a reconocer que cada momento en el que actuamos con intención nos acerca más a la realización de nuestros sueños y deseos más profundos.

Al comprender la importancia de la intención, nos abrimos a la posibilidad de vivir una vida que esté alineada con nuestros valores y aspiraciones. A través de ejercicios de reflexión y técnicas de toma de decisiones conscientes, comenzamos a desarrollar la habilidad de vivir cada día con un propósito claro y una dirección definida.

Definiendo Metas Significativas

Las metas son faros que nos guían en nuestro viaje. En este capítulo, exploramos cómo definir metas que resuenen con nuestra esencia nos brinda un sentido de dirección y propósito. Aprendemos a reconocer que cada meta que establecemos es un paso hacia la creación de la vida que deseamos.

A través de ejercicios de definición de metas y técnicas de visualización creativa, comenzamos a experimentar cómo la claridad en nuestras metas nos ayuda a enfocar nuestra energía y tomar medidas concretas hacia su logro. A medida que definimos metas significativas, nos damos cuenta de que estamos construyendo un camino que refleja nuestros valores y nos inspira a dar lo mejor de nosotros mismos.

El Poder de la Autoconexión en la Definición de Metas

Conectar con nosotros mismos es esencial para definir metas auténticas y significativas. En este capítulo, exploramos cómo la autoconexión nos permite sintonizar con nuestras verdaderas aspiraciones y deseos. Aprendemos a reconocer que nuestras metas deben surgir de nuestro corazón y no ser influenciadas por las expectativas externas.

A través de ejercicios de autoexploración y técnicas de meditación, comenzamos a desarrollar la habilidad de escuchar nuestra voz interior y discernir qué metas son verdaderamente importantes para nosotros. A medida que nos conectamos con nosotros mismos en la definición de metas, nos damos cuenta de que estamos construyendo un camino auténtico que refleja nuestra singularidad y pasión.

La Planificación Estratégica de Metas

La planificación estratégica nos brinda el enfoque y la estructura necesarios para alcanzar nuestras metas. En este capítulo, exploramos cómo la planificación nos ayuda a dividir nuestras metas en pasos manejables y a mantenernos enfocados en el camino hacia su logro. Aprendemos a reconocer que la planificación es esencial para convertir nuestros sueños en realidad.

A través de ejercicios de planificación y técnicas de organización, comenzamos a experimentar cómo la estructura y el enfoque de la planificación nos permiten avanzar de manera constante hacia nuestras metas. A medida que nos sumergimos en la planificación estratégica, nos damos cuenta de que estamos construyendo un puente entre nuestras aspiraciones y la realidad.

Superando Obstáculos y Manteniendo la Motivación

En el camino hacia el logro de metas, es inevitable enfrentar desafíos y momentos de duda. En este capítulo, exploramos cómo superar obstáculos y mantener la motivación nos permite perseverar en la búsqueda de nuestras metas. Aprendemos a reconocer que cada desafío es una oportunidad para crecer y fortalecernos.

A través de ejercicios de desarrollo de resiliencia y técnicas de autoafirmación, comenzamos a experimentar cómo podemos enfrentar los obstáculos con determinación y mantenernos comprometidos con nuestras metas a pesar de las dificultades. A medida que superamos obstáculos y mantenemos la motivación, nos damos cuenta de que estamos construyendo una mentalidad de perseverancia que nos guía hacia el éxito.

Celebrando los Logros y Reconociendo el Progreso

Celebrar los logros, por pequeños que sean, es esencial para mantener una actitud positiva y apreciar el progreso que hemos realizado. En este capítulo, exploramos cómo reconocer y celebrar nuestros logros nos motiva a continuar esforzándonos y nos recuerda lo lejos que hemos llegado. Aprendemos a reconocer que cada paso hacia nuestras metas es un logro que merece ser celebrado.

A través de ejercicios de autocelebración y técnicas de gratitud, comenzamos a experimentar cómo el reconocimiento y la celebración de nuestros logros nos llenan de alegría y satisfacción. A medida que celebramos nuestros logros y reconocemos el progreso, nos damos cuenta de que estamos construyendo una mentalidad de gratitud y positividad que nos impulsa a seguir adelante.

La Transformación a Través del Logro de Metas

El logro de metas nos transforma en personas más seguras y empoderadas. En este capítulo, exploramos cómo el proceso de trabajar hacia nuestras metas nos permite crecer, adquirir nuevas habilidades y descubrir nuestra capacidad para superar desafíos. Aprendemos a reconocer que cada meta alcanzada nos acerca más a nuestro potencial más elevado.

A través de ejercicios de reflexión y técnicas de empoderamiento, comenzamos a experimentar cómo el logro de metas nos impulsa a evolucionar y nos brinda una sensación de logro y satisfacción. A medida que nos transformamos a través del logro de metas, nos damos cuenta de que estamos construyendo una vida en la que cada paso nos acerca a la versión más plena y auténtica de nosotros mismos.

Conclusión:

Al concluir este capítulo, recordemos que vivir con intención es un acto de autodeterminación que nos permite construir la vida que deseamos. Al establecer metas significativas, estamos tejiendo un tapiz que refleja nuestra pasión, propósito y valores. Cada paso que damos en dirección a nuestras metas nos acerca más a la realización de nuestros sueños más profundos y nos brinda una mayor sensación de realización.

En cada paso que tomamos en este viaje de intención, recordemos que estamos creando una vida que es un reflejo de nuestra esencia. Cada decisión que tomamos con intención nos permite dirigir nuestra energía hacia lo que realmente importa y nos invita a vivir una vida que esté en armonía con nuestro ser más auténtico. A medida que abrazamos la práctica de vivir con intención, nos damos cuenta de que estamos construyendo un camino que nos guía hacia una vida de propósito, significado y plenitud.

Capítulo 29: Celebrando Tu Viaje: Reconociendo y Valorando tu Progreso

La vida es un viaje lleno de momentos, experiencias y aprendizajes que nos transforman y nos llevan a ser quienes somos. En el capítulo "Celebrando Tu Viaje: Reconociendo y Valorando tu Progreso", exploramos cómo cada paso en nuestro camino merece ser celebrado y apreciado. A través de este capítulo, nos sumergimos en la importancia de reconocer y valorar nuestro progreso para cultivar una profunda gratitud por nuestro viaje de autodescubrimiento.

El Arte de la Celebración

La celebración es una forma de honrar nuestros logros y momentos significativos en la vida. En este capítulo, exploramos cómo la celebración nos permite reconocer nuestro esfuerzo y nos brinda una oportunidad para experimentar alegría y gratitud. Aprendemos a reconocer que cada logro, por pequeño que sea, merece ser celebrado.

Al comprender el arte de la celebración, nos abrimos a la posibilidad de vivir una vida en la que encontramos alegría en los detalles y momentos cotidianos. A través de ejercicios de reflexión y técnicas de celebración consciente, comenzamos a desarrollar la habilidad de crear rituales de celebración que nos conecten con un profundo sentido de gratitud y aprecio.

El Poder de la Reflexión

La reflexión nos permite mirar hacia atrás en nuestro viaje y reconocer el camino que hemos recorrido. En este capítulo, exploramos cómo la reflexión nos brinda claridad sobre nuestro progreso y nos ayuda a apreciar cada paso en el camino. Aprendemos a reconocer que tomarnos el tiempo para reflexionar nos permite conectarnos con nuestro crecimiento y evolución.

A través de ejercicios de reflexión y técnicas de autoevaluación, comenzamos a experimentar cómo la reflexión nos invita a mirar más allá de los desafíos y reconocer nuestras victorias. A medida que nos sumergimos en la práctica de la reflexión, nos damos cuenta de que estamos construyendo una conexión más profunda con nosotros mismos y con la historia que estamos escribiendo a lo largo de nuestro viaje.

Cultivando la Gratitud

La gratitud es una emoción poderosa que nos conecta con el presente y nos ayuda a valorar lo que tenemos. En este capítulo, exploramos cómo cultivar la gratitud nos permite reconocer las bendiciones en nuestras vidas y experimentar una mayor satisfacción. Aprendemos a reconocer que la gratitud nos permite enfocarnos en lo positivo y encontrar alegría en cada aspecto de nuestro viaje.

A través de ejercicios de gratitud y técnicas de mindfulness, comenzamos a experimentar cómo la gratitud nos transforma y nos permite ver la belleza en cada día. A medida que cultivamos la gratitud en nuestra vida, nos damos cuenta de que estamos construyendo una mentalidad positiva que nos ayuda a enfrentar los desafíos con resiliencia y aprecio.

Reconociendo el Progreso Personal

Reconocer nuestro progreso personal es esencial para mantener una perspectiva positiva y motivarnos a seguir adelante. En este capítulo, exploramos cómo el reconocimiento del progreso nos permite valorar el camino que hemos recorrido y celebrar nuestras victorias. Aprendemos a reconocer que cada paso hacia adelante es un testimonio de nuestra determinación y crecimiento.

A través de ejercicios de autoevaluación y técnicas de reconocimiento del progreso, comenzamos a experimentar cómo podemos valorar y apreciar nuestras mejoras y logros. A medida que reconocemos nuestro progreso personal, nos damos cuenta de que estamos construyendo una autoimagen más positiva y una confianza en nuestras capacidades.

El Impacto de las Pequeñas Victorias

Las pequeñas victorias son hitos en nuestro viaje que merecen ser celebrados. En este capítulo, exploramos cómo el reconocimiento de las pequeñas victorias nos permite mantener una perspectiva positiva y sentirnos empoderados en nuestro camino. Aprendemos a reconocer que cada paso en la dirección correcta es un avance significativo.

A través de ejercicios de identificación de pequeñas victorias y técnicas de celebración personal, comenzamos a experimentar cómo el enfoque en las pequeñas victorias nos brinda un sentido de logro constante y nos inspira a seguir adelante. A medida que apreciamos las pequeñas victorias, nos damos cuenta de que estamos construyendo una mentalidad de fortaleza y autodeterminación.

La Importancia de Compartir el Éxito

Compartir nuestro éxito con los demás nos permite celebrar juntos y construir conexiones significativas. En este capítulo, exploramos cómo compartir el éxito nos brinda una sensación de comunidad y nos permite inspirar a otros con nuestra historia. Aprendemos a reconocer que nuestras victorias pueden motivar y empoderar a quienes nos rodean.

A través de ejercicios de compartir logros y técnicas de comunicación auténtica, comenzamos a experimentar cómo compartir nuestras experiencias y logros nos conecta con los demás y nos enriquece mutuamente. A medida que compartimos el éxito, nos damos cuenta de que estamos construyendo lazos más fuertes y contribuyendo positivamente a la vida de quienes nos rodean.

La Transformación a Través de la Celebración

La celebración es una forma de transformación que nos conecta con nuestra alegría interior y nos brinda un sentido de logro. En este capítulo, exploramos cómo el acto de celebrar nos empodera y nos permite ver nuestra vida con una perspectiva más positiva. Aprendemos a reconocer que la celebración nos ayuda a ver el progreso en medio de los desafíos y a experimentar un mayor sentido de plenitud.

A través de ejercicios de celebración y técnicas de mindfulness, comenzamos a experimentar cómo la celebración nos invita a vivir con una actitud de aprecio y satisfacción. A medida que nos sumergimos en la práctica de la celebración, nos damos cuenta de que estamos construyendo una vida en la que cada día es una oportunidad para encontrar alegría y gratitud.

Conclusión:

Al concluir este capítulo, recordemos que cada paso en nuestro viaje merece ser celebrado y valorado. Cada desafío superado, cada logro alcanzado y cada momento de crecimiento nos lleva un paso más cerca de la versión más auténtica y plena de nosotros mismos. La celebración y el reconocimiento de nuestro progreso nos conectan con una profunda gratitud por el viaje que estamos recorriendo. A medida que celebramos nuestro viaje, nos damos cuenta de que cada paso cuenta y nos acerca a una vida llena de significado, satisfacción y alegría.

Capítulo 30: Abrazando tu Potencial Infinito: Un Futuro Inspirador te Espera

El último capítulo de nuestro viaje de autodescubrimiento nos lleva a explorar el emocionante horizonte de nuestro potencial infinito. En "Abrazando tu Potencial Infinito: Un Futuro Inspirador te Espera", nos sumergimos en la idea de que somos capaces de crear un futuro lleno de posibilidades, logros y realización personal. A través de este capítulo, nos embarcamos en un viaje de inspiración y empoderamiento, invitándonos a creer en nosotros mismos y a abrazar el potencial ilimitado que reside en nuestro interior.

Descubriendo la Magia del Potencial Infinito

El potencial infinito que llevamos dentro es como una semilla que puede crecer y florecer en cualquier dirección que elijamos. En este capítulo, exploramos cómo el reconocimiento de nuestro potencial nos empodera y nos permite soñar en grande. Aprendemos a reconocer que somos capaces de lograr más de lo que imaginamos.

Al comprender la magia del potencial infinito, nos abrimos a la posibilidad de crear una vida que sea un reflejo de nuestros sueños más audaces. A través de ejercicios de visualización y técnicas de afirmación, comenzamos a desarrollar la habilidad de conectarnos con nuestra visión y aspiraciones más profundas. A medida que descubrimos la grandeza de nuestro potencial, nos damos cuenta de que estamos construyendo un camino que nos lleva hacia un futuro emocionante y lleno de posibilidades.

Creando una Visión Inspiradora

Una visión inspiradora es el faro que nos guía hacia nuestro futuro deseado. En este capítulo, exploramos cómo crear una visión clara y emocionante nos brinda un sentido de propósito y dirección. Aprendemos a reconocer que nuestra visión es el motor que nos impulsa a tomar medidas y perseguir nuestros objetivos.

A través de ejercicios de visión y técnicas de enfoque, comenzamos a experimentar cómo podemos definir una visión que resuene con nuestro ser más profundo y nos inspire a tomar acción. A medida que creamos una visión inspiradora, nos damos cuenta de que estamos construyendo una brújula interna que nos guiará hacia un futuro en el que estamos destinados a brillar.

Cultivando la Confianza en tu Potencial

La confianza en nuestro potencial es el cimiento sobre el cual construimos nuestras aspiraciones. En este capítulo, exploramos cómo cultivar la confianza en nosotros mismos nos permite superar la autoduda y avanzar con determinación hacia nuestros objetivos. Aprendemos a reconocer que somos capaces de superar desafíos y adversidades.

A través de ejercicios de construcción de confianza y técnicas de autoafirmación, comenzamos a experimentar cómo podemos silenciar las voces de autocrítica y abrazar la creencia en nuestras capacidades. A medida que cultivamos la confianza en nuestro potencial, nos damos cuenta de que estamos construyendo una mentalidad de valentía y resiliencia.

Tomando Acción con Determinación

El potencial infinito se convierte en realidad a través de la acción decidida. En este capítulo, exploramos cómo tomar medidas con determinación nos acerca a la realización de nuestros sueños. Aprendemos a reconocer que cada paso que damos en dirección a nuestros objetivos es un paso hacia la materialización de nuestro potencial.

A través de ejercicios de establecimiento de objetivos y técnicas de acción deliberada, comenzamos a experimentar cómo podemos superar la procrastinación y avanzar con pasos concretos hacia nuestra visión. A medida que tomamos acción con determinación, nos damos cuenta de que estamos construyendo un puente entre nuestras aspiraciones y la realidad.

Afrontando los Desafíos con Valentía

A medida que abrazamos nuestro potencial infinito, también enfrentamos desafíos que nos desafían a crecer y evolucionar. En este capítulo, exploramos cómo enfrentar los desafíos con valentía nos permite superar obstáculos y desarrollar resiliencia. Aprendemos a reconocer que los desafíos son oportunidades disfrazadas que nos ayudan a alcanzar nuevas alturas.

A través de ejercicios de desarrollo de resiliencia y técnicas de afrontamiento, comenzamos a experimentar cómo podemos abordar los desafíos con una mentalidad de valentía y confianza en nuestro potencial. A medida que enfrentamos los desafíos con valentía, nos damos cuenta de que estamos construyendo una fuerza interior que nos impulsa a superar cualquier adversidad.

Celebrando los Logros y el Crecimiento

Cada logro y cada momento de crecimiento merecen ser celebrados en nuestro camino hacia el potencial infinito. En este capítulo, exploramos cómo celebrar los logros y el crecimiento nos conecta con una sensación de realización y gratitud. Aprendemos a reconocer que cada paso en nuestro viaje es una victoria que merece ser celebrada.

A través de ejercicios de celebración y técnicas de aprecio, comenzamos a experimentar cómo la celebración nos permite valorar nuestro progreso y mantener una actitud positiva. A medida que celebramos nuestros logros y el crecimiento personal, nos damos cuenta de que estamos construyendo una vida en la que cada paso es un testimonio de nuestra determinación y pasión.

Inspirando a Otros con tu Historia

Compartir nuestro viaje y nuestro potencial inspira a otros a creer en sí mismos y a perseguir sus propios sueños. En este capítulo, exploramos cómo compartir nuestra historia nos permite ser un faro de esperanza y empoderamiento para quienes nos rodean. Aprendemos a reconocer que nuestras experiencias pueden motivar y guiar a otros en su viaje.

A través de ejercicios de narración de historias y técnicas de comunicación auténtica, comenzamos a experimentar cómo compartir nuestro viaje y potencial nos conecta con una comunidad de personas que buscan su propio camino de realización. A medida que inspiramos a otros con nuestra historia, nos damos cuenta de que estamos construyendo un legado de impacto positivo en el mundo.

El Futuro Inspirador que te Espera

Al concluir este capítulo y nuestro viaje de autodescubrimiento, recordemos que nuestro potencial es infinito y que el futuro que nos espera está lleno de oportunidades y realización personal. Cada paso que damos hacia nuestro potencial nos acerca a una vida en la que somos los protagonistas de nuestra propia historia. A medida que abrazamos nuestro potencial infinito, nos damos cuenta de que estamos construyendo un futuro inspirador en el que cada día es una oportunidad para crecer, aprender y brillar con todo nuestro ser.

Conclusión:

El viaje de "Abrazando tu Potencial Infinito: Un Futuro Inspirador te Espera" nos lleva a un lugar de empoderamiento y realización. A lo largo de este capítulo, hemos explorado cómo podemos creer en nosotros mismos, abrazar nuestra visión y tomar acción para alcanzar nuestro potencial más elevado. Hemos descubierto que nuestro potencial es ilimitado y que cada desafío es una oportunidad para crecer y evolucionar. Al abrazar nuestro potencial infinito, nos damos cuenta de que somos capaces de crear un futuro inspirador en el que vivimos con pasión, propósito y plenitud.

Querido lector,

Gracias por tomar el tiempo de sumergirte en las páginas de "Descubre el Poder de Reinventarte: Renueva Tu Vida por Completo". Este libro ha sido un viaje de amor, dedicación y esperanza, y me siento profundamente honrado de compartirlo contigo.

Cada capítulo ha sido escrito con la intención de inspirar, motivar y guiarte en tu propio camino de transformación personal. Espero sinceramente que encuentres en estas palabras la chispa que necesitas para descubrir tu verdadero potencial y abrazar el cambio con valentía y determinación.

Tu opinión es invaluable para mí. Si este libro ha resonado contigo y ha aportado algo positivo a tu vida, me encantaría conocer tu experiencia. Tus pensamientos y sentimientos sobre este viaje pueden ayudar a otros a encontrar el valor para comenzar el suyo propio.

Si te sientes cómodo, te invito a dejar un comentario honesto. No solo será un gesto de apoyo, sino también una guía para futuros lectores que buscan inspiración y cambio en sus vidas.

Gracias por ser parte de esta comunidad de crecimiento y transformación. Tu voz y tu historia son importantes, y estoy agradecido por la oportunidad de ser parte de tu viaje.

Con gratitud y aprecio,

Jimmy Fajardo

www.ingramcontent.com/pod-product-compliance
Lightning Source LLC
Chambersburg PA
CBHW080812280726
48660CB00018B/3261